치료받지
못한 죽음

치료받지 못한 죽음

중증 외상, 또 다른
의료 사각지대에 관한 보고서

지은이 박철민
펴낸이 이명회
펴낸곳 도서출판 이후
편 집 김은주, 신원제, 유정언
마케팅 김우정
표지 및 본문 디자인 campcommunications

첫 번째 찍은 날 2013년 11월 15일

ⓒ 박철민

등 록 | 1998년 2월 18일 (제13-828호)
주 소 | 121-754 서울시 마포구 동교동 165-8 엘지팰리스빌딩 1229호
전 화 | 대표 02-3141-9640 편집 02-3141-9643 팩스 02-3141-9641
홈페이지 | www.ewho.co.kr
ISBN 978-89-6157-072-5 03330

이 도서의 국립중앙도서관 출판시도서목록(CIP)은 e-CIP홈페이지(http://www.nl.go.kr/ecip)와
국가자료공동목록시스템(http://www.nl.go.kr/kolisnet)에서 이용하실 수 있습니다.(CIP 제어번호: CIP 2013022239)

치료받지 못한 죽음

중증 외상,
또 다른
의료 사각지대에
관한 보고서

박철민 지음

이후

보행자 교통사고 사망률 1위, 자살률 1위, 산업재해 사망률 1위. 이 정도면 OECD 가입국 중 대한민국을 최고 위험 사회로 분류해도 이상하지 않을 것이다. 이 불명예는 모두 외상으로 인한 신체적 손상에서 비롯된다. 외상은 우리 국민의 사망 원인 가운데 세 번째 자리를 차지하며, 젊은 인구에서는 가장 높은 사망 원인이다. 그동안 이에 대한 대비는 전무하다시피 했다. 결과는 처참하다. 매년 최소 1만 명 이상 죽지 않아도 될 사람이 죽는다. 병원은 돈 되지 않는 외상 환자를 기피하고, 국민들은 무엇이 문제인지 알지 못하는 가운데 많은 것을 알고 있는 정부는 병원의 행태를 방조했다.

사실 나도 응급 의료에는 관심이 없었다. 어쩌다 환자로 응급실을 찾게 되더라도 잠깐의 불만은 다음 날이면 잊혀졌다. 응급실은 병원 사람들의 공간이고, 나는 지나가는 손님에 불과했다. 보건 의료 전문지에서 기자 생활을 하다 2010년 주승용 의원실의 비서관으로 근무하게 될 때만 해도 응급 의료 정책에 대한 이해가 깊지 않았다. 응급실에 무슨 큰 문제가 있겠냐는 안일한 생각도 있었지만, 의료계에는 그 밖에 사회적으로 중요한 이슈가 산적해 있었기 때문이다. 사고를 당한 사람이 길바닥이 아닌 병원 침대에서 죽었다면, 그건 사람이 노력해도 안 되는 일로 여겼던 것 같다.

변화의 시작은 석해균 선장으로부터 비롯됐다. 2011년 1월 21일, 소말리아 해적에게 납치된 한국 선원들을 구출하기 위해 우리 군이 출동했다. 구출 과정에서 석해균 선장이 총격으로 다쳤고, 그가 외상 환자로서 치료받는 과정이 국민들에게 알려졌다. 많은 언론들이 이국종 교수의 치료에 관심을 기울이며 그가 하는 이야기에도 집중하기 시작했다. 이국종 교수는 많은 사람들이 제대로 치료받지 못해 죽고 있으며 정부가 예산을 지원해 외상 의료 시스템을 갖추면 살아날 수 있다고 말했다. 그러나 실질적으로 바뀌는 것은 많지 않았다. 이국종 교수는 종종 내게 피로를 호소했다.

중국집 오토바이에 앉아 웃는 김우수 씨의 사진이 여러 신문 지면에 실렸다. 그의 삶과 선행이 너무 밝은 탓인지, 다른 수많은 외상 환자들과 같이 그도 별 다른 치료를 받지 못하고 죽었다는 사실은 조용히 가려졌다. 결과적으로 보자면 모든 것을 바꿀 수 있었던 것은 사실 이명박 전 대통령 덕분이다. 나는 대통령이 던지듯 한 말이 없었다면 정부가 중증외상센터 사업에 예산을 배정하지 않았을 거라고 생각한다. 이명박 전 대통령은 "내가 다쳐도 수원까지 가야 하나?"라고 했다고 한다. 정부가 끝내 돈을 내놓지 못한다고 버텼다면 지금까지도 외상센터 건립은 그저 계획에 머물렀을 것이다. 그의 의도가 무엇이었든 결과적으로 대통령의 말은 우리 사회의 편익을 크게 증진시켰다.

　다른 사람들의 노력도 잊을 수 없다. 가장 중요한 이들을 꼽으라면 다음 세 사람이다. 민주당 주승용 의원은 법률안을 통해 정책을 변화시켰고, 서울대 의대 김윤 교수는 우리나라에 적합한 외상센터 모델을 제안해 이론적 토대를 제공했다. 이국종 교수는 일선에서 환자를 치료하며 중증 외상의 문제를 알렸다. 이들은 다리가 셋 달린 솥과 같다. 균형을 상징하는 이 솥은 다리 하나가 부러지면 제대로 설 수 없기 때문이다. 솥 안에는 환자들이 먹을 수 있는 죽이 이제 끓어오르려 한다. 나는 장작을 준비하거나 불씨를 얻어 오는 것 같은 일들을 했다. 앞으로는 많은 사람들이 죽이 타지 않도록 지켜봤으면 좋겠다. 가끔 솥 안에 재를 뿌리는 사람도 있었지만, 지나고 보니 바람이 불어 먼지가 들어간 것일 수도 있었겠다는 생각이 든다.

이국종 교수는 처음 아주대병원을 찾은 내게 중증 외상의 문제를 설명하며 『한겨레21』을 꺼내 들었다. 김기태 기자가 아주대병원에서 일주일을 숙식하며 쓴 기획 기사였다. 나처럼 중증 외상 분야에 대해 아는 것이 거의 없는 사람을 만날 때마다 이국종 교수가 쓰는 교보재인 셈이다. 하지만 세 꼭지나 되는 기획 기사로도 부족해 설명은 길게 이어졌다. 몇 명에게 이런 얘기를 반복했을까? 어렵고 긴 얘기를 사람들에게 전하려면 책을 써야겠다고 마음먹었다.

이국종 교수는 매력적인 사람이다. 깡마른 외모와 날카로운 눈, 환자를 제대로 치료하지 못했을 때 보이는 공허한 표정은 흡사 천재의 표징 같다. 환자가 죽는 것을 방치하는 문제에 있어 타협하지 않는 모습은 바람직한 것이지만, 그를 아끼는 사람들을 조마조마하게 만들 때가 있다. 사회에서 어른들은 직설적으로 싸우지 않는다. 하지만 그는 언론 인터뷰 등을 통해 의료계와 정부를 향해 아무도 하지 않는 이야기를 반복했다. 국회도 비판을 피하지 못했다. 이로 인해 사방에 적이 늘었다. 하지만 외래 진료를 하는 그를 지켜보고 있으면 그렇게 잘 웃을 수가 없다. 특이한 사람이다. 육체적 피로와 고통, 인간적인 갈등과 고뇌 속에서도 외국 용병 회사로 떠나는 결정을 내리지 않은 이국종 교수에게 감사한다.

국회의원 보좌진은 기본적으로 비서다. 비서면 비서답게 말이 많지 않아야 하는데 책을 쓰며 너무 많은 이야기를 풀어냈다. 가장 망설였던 부분이다. 문제를 개선하는 데는 도움이 되지 않으면서 단지 특정 병원이나 인물을 폄훼하려는 의도만 가지고 글을 쓰진 않겠다는 원칙으로 출판을 결심할 수 있었다. 글쓰기를 망설일 때마다 안팎에서 내게 힘을 준 사람들이 많다. 주승용 의원은 인격적인 면에서 내게 스승과 같은 사람이다. 내가 중증 외상 분야에 큰 관심을 가지고 문제 해결을 위해 일할 수 있도록 격려를 아끼지 않았다. 드라마 〈골든타임〉의 최희라 작가는 드라마 제작 과정에서 취재를 하다 여러 번 만났는데, 아주대병원과 해운대백병원의 현실을 밀도 있게 담아 낸 드라마로 중증 외상 문제를 대중적으로 알렸다. 김기태 기자는 유학 준비를 하는 바쁜 와중에도 내가 내민 초고를 검토해 주었고, 출판사까지 연결해 주었다. 그 밖에 많은 의료인과 병원 관계자, 환자와 보호자, 공무원과 언론인을 만났다. 큰 도움을 받았지만 때로는 서로 상처를 주고받기도 했다. 지금은 모든 인연이 소중하게 여겨진다. 마지막으로 책이 출간되기를 2년 넘게 기다리신 부모님께 감사드린다.

2013년 10월

박철민

골든타임

환자 이송에서부터 치료까지, 환자의 생존 가능성을 보장해 주는 적정 시간을 말한다. 정확한 표현은 골든 아워golden hour이지만 국내 미디어 등을 통해 골든 타임이라는 용어가 주로 사용된다.

외상外傷. 트라우마trauma

몸 외부의 상처나 내장 기관의 손상 등을 통칭하는 말로, 충격적인 사건을 겪은 뒤 공포감을 느끼는 트라우마(외상 후 스트레스 장애post traumatic stress disorder)와 다른 개념이다. 외상 환자를 전담하는 진료과는 외상외과trauma surgery, 전담 병원을 외상센터trauma center라고 한다.

중증 외상 환자

교통사고, 추락, 투신, 도검류 및 총기에 의한 손상 등으로 경증이 아닌 중증의 외상을 당해 외과 수술을 포함한 적정 치료가 즉시 필요한 환자를 말한다.

예방 가능 사망률

구급대가 부적절하게 이송하거나 병원에서 치료가 지연되어 생존 가능한 중증 외상 환자가 치료 시기를 놓쳐 사망한 비율이다.

중증외상센터/권역외상센터/외상센터

중증 외상 환자의 전담 치료를 위해 기존 병동과 독립된 처치실, 수술실, 중환자실 등을 갖춘 병원을 통칭해 '외상센터'라고 한다. 그 가운데 규모가 큰 외상센터를 권역외상센터Level I trauma center, 규모가 작은 외상센터를 지역외상센터Level II trauma center라고 부른다.

1339 응급의료정보센터

"응급의료에관한법률"에 의거하여 전국 12개 권역에 분산 설치된 1339 응급의료정보센터는 해당 지역 의료 기관의 병상 현황, 적절한 치료가 가능한 병원, 응급 처치와 관련된 정보 및 필요한 경우 구급차 출동을 연결해 주는 역할을 한다. 2012년 6월, 119로 통합되었다.

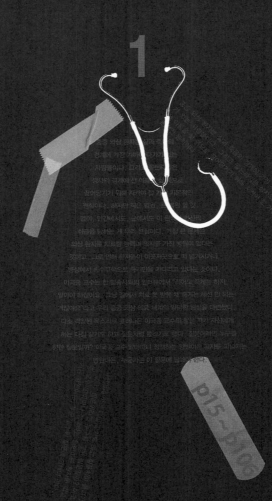

1

p15~p106

삶 과   죽 음 의
경 계 를   오 가 다

응급 의료 기관 등에서 근무하는 응급 의료 종사자는 응급
환자를 항상 진료할 수 있도록 응급 의료 업무에 성실히
종사하여야 한다.
응급 의료 종사자는 업무 중에 응급 의료를 요청받거나 응급
환자를 발견하면 즉시 응급 의료를 하여야 하며 정당한 사유
없이 이를 거부하거나 기피하지 못한다.

"응급의료에관한법률" 제6조 제1항, 제2항

1장

오늘도 별 일 없이
죽는다

쉰네 살의 김우수 씨는 오토바이 사고로 2011년 사망했다. 중국 음식 배달을 하던 김우수 씨는 '짜장면 기부 천사'로 알려진 사람이다. 자신은 창문도 없는 고시원에 살면서 월급으로 받은 70만 원 가운데 매달 5만 원에서 10만 원씩 모아 5년간 〈초록우산어린이재단〉을 통해 아이들을 도왔다. 없는 살림에도 더 어려운 사정의 아이들을 위해 하루 두 갑씩 피우던 담배를 끊어 그 돈으로 후원을 했다. 김우수 씨의 선행은 언론에 소개되어 2009년에는 청와대 오찬에 초청받기도 했다.

수많은 미담 가운데 하나로 잊힐 수 있었던 김우수 씨의 사연은 그의 죽음과 동시에 다시 사회적 관심을 받았다. 2011년 9월 24일 오후 8시 20분 경, 강남구 일원동 일원 터널 앞 사거리에서 김우수 씨는 배달용 오토바이를 타고 유턴하던 중에 마주 오던 승용차와 충돌

했다. 불행 중 다행으로 사고 지점은 삼성서울병원 바로 옆이었다. 곧바로 출동한 119 구급대는 망설이지 않고 삼성서울병원으로 김우수 씨를 옮겼다. 하지만 국내 최고의 인력과 시설을 자랑하는 병원은 김우수 씨를 치료하지 않았다. 김우수 씨는 두 시간 넘게 응급실에 '깔려' 있다가 7.7킬로미터 떨어진 광진구 자양동 혜민병원으로 이송됐고, 다음 날 사망했다.

고인의 사망 보험금 4천만 원은 고인의 유지에 따라 〈초록우산 어린이재단〉에 돌아갔다. 김우수 씨의 사망 소식에 이명박 전 대통령은 청와대 페이스북 페이지에 "고인의 숭고한 정신이 우리 사회에 널리 퍼져 나가길 기원한다"고 썼고, 김윤옥 여사는 이명박 전 대통령을 대신해 빈소를 찾아 조문했다. 고인은 같은 해 12월 5일 대통령 표창을 받았다. 생전의 선행이 교과서에 실렸고, 〈철가방 우수氏〉라는 영화로도 만들어졌다. 최근 방영된 텔레비전 드라마 〈골든타임〉에서는 죽지 않고 살아나는 인물로 다시 그려지기도 했다.

반면 김우수 씨의 사례와 비슷하지만 다른 이야기도 있다. 경기도에 거주하는 열여섯 살 최진영(가명) 군은 오토바이를 타고 가던 중에 좌측에서 오던 트럭에 치였다. 2011년 5월 30일 월요일 밤 10시였다. 최진영 군은 300병상 규모의 병원급 의료 기관으로 이송됐다. 이 병원 의료진들은 응급처치를 하고 검사를 실시했으나 작은 병원인 탓에 전문적인 외과 수술을 할 수 없었다. 최진영 군은 사고 2시간

30분 뒤인 5월 31일 새벽 0시 28분에 경기 남부에서 가장 큰 응급실을 운영하는 대학 병원으로 이송됐다. 최진영 군에게는 쇼크, 대량 혈복강, 다발성 대장 손상, 다발성 장간막 손상, 외상성 췌장 파열, 대량 후복막 혈종, 뇌진탕, 다발성 염좌, 급성 출혈성 위염 등의 길고 무시무시한 진단이 내려졌다. 새벽 2시 50분, 24시간 대기 중이던 병원의 외상외과 팀은 응급처치와 검사를 완료하고 수술에 들어갔다.

담낭을 절제하고 복강 내 지혈 등을 마치고 배를 열어 놓은 상태로 1차 수술이 끝났다. 열린 배는 의료용 특수 천과 비닐로 덮였는데, 이는 외상외과 팀이 대미지 컨트롤damage control 수술법을 택했기 때문이다. 기존 방식은 수술실에서 손상 부위를 처리하고 봉합까지 마치지만 대미지 컨트롤은 치명적인 부위만 빠르게 처치한 뒤 봉합하지 않고, 나머지는 환자 상태가 호전되고 나서 다시 수술하는 방식이다. 선진국에서 외상 치료 시 일반적으로 사용하는 수술법으로, 복부 압력이 증가할 것이라 예상되는 경우 장의 부종 등이 가라앉을 때까지 복부 등을 닫지 않는 것이다. 국내에서 대미지 컨트롤 수술법을 시술하는 병원은 그리 많지 않다. 최진영 군은 운이 좋았다.

의료진은 출혈이 진정된 6월 3일, 2차 수술에서 단계적 복벽 봉합술을 시술하여 열어 뒀던 배를 닫았다. 최진영 군은 중환자실에서 집중 치료를 받으며 몇 차례 위기를 겪었으나 호전됐다. 만약 작은 병원을 거치지 않아 이송 시간을 줄일 수 있었다면 회복은 더 빨랐을 것이다. 최진영 군은 사고 발생 일주일 만인 6월 6일, 중환자실을 벗어나 일반 병실로 옮겼으며, 7월 18일 퇴원하여 통원 치료를 받았다. 2012년 6월 복부 시티 촬영(CT, 컴퓨터 단층 촬영)을 통해 완치를 확인했다.

　　김우수 씨와 최진영 군은 똑같이 오토바이를 타고 가다 사고를 당했다. 한 사람은 승용차에, 한 사람은 트럭에 치였다. 사고 상황과 두 사람의 신체 조건이 달라 단순하게 비교하는 건 어렵지만, 결과적으로 승용차에 치인 사람은 죽었고 트럭에 치인 사람은 살아서 2개월 만에 사회에 복귀했다. 대체 이 차이는 어디서 발생한 것일까?

　　최진영 군이 운이 좋았다고 밖에 할 수 없다. 사고 자체는 불운이었지만 사고를 당한 곳이 경기 남부였다. 경기 남부를 담당하는 권역응급의료센터인 아주대병원에는 이국종 교수가 이끄는 외상외과 팀이 있다. 그곳에서 최진영 군은 대미지 컨트롤이라는 국내에서 받기 힘든 선구적 수술법을 경험했고 그 덕에 빠르게 회복했다. 만약 최진영 군이 충남이나 경북, 전남이나 강원의 어느 시골, 그도 아니라 다른 대도시나 중소도시에서 오토바이 사고를 당했다고 한다면, 응급실에 깔려 있다 사망했을 가능성이 높았을 것이다. 반면 김우수 씨는 운이 나빴다. 삼성서울병원이 인접한 서울 한복판에서 사고를 당했는데, 정작 삼성서울병원은 치료하지 않았고 작은 병원으로 재이송되느라 치료 시기를 놓쳤다.

　　우리는 사고를 당할 시간과 장소를 선택할 수 없다. 사고는 말

그대로 느닷없이 찾아온다. 그렇다고 모두가 최진영 군처럼 운이 따르길 바랄 수는 없다. 한 사람에게는 죽음을, 다른 한 사람에게는 새로운 삶을 가져다 주는 문제는 사실 운으로 치부할 게 아니다. 우리나라 공공 의료, 그중에서도 중증 외상 의료 체계가 부실하기 때문에 발생한 문제다. 해마다 김우수 씨처럼 **제때 제대로 된 치료를 받지 못해 사망하는 국민의 수가 1만 명이 넘는다.**

우리가 모르는 죽음들

나는 김우수 씨의 존재와 그의 선행을 부음 기사를 접한 뒤에 알았다. 당시 나는 국회 보건복지위원회에서 민주당 간사를 맡고 있는 주승용 국회의원의 비서관으로 일하고 있었다. 주승용 의원은 김우수 씨가 사망하기 일 년 전에 아주대병원 중증외상특성화센터를 방문하고 중증 외상 문제에 관심을 갖게 됐다. 이후로 중증 외상 분야는 의원실의 관심 사안이 됐다.

나는 실무자로서 김우수 씨의 사망 소식을 듣고 보건복지부와 소방방재청에 관련 자료를 요구했다. 의원실이 자료 제출 요구서를 발송하고 정부가 이에 응답해 자료를 제출하는 것은 일상적인 업무다. 그때는 그저 경위 정도를 파악하고 끝날 일이라고 생각했다. 자료 요구서를 작성하면서도 김우수 씨가 내게 향후 몇 년이나 영향을 미치게 될지 몰랐다. 어쨌든 의원실의 요구에 응해 소방방재청은 구급

활동 일지를, 보건복지부는 진료 기록을 의원실에 제출했다.

구급 활동 일지를 보니 사고 당시의 상황이 그대로 그려졌다. 119 구급대는 2011년 9월 24일 저녁 8시 29분에 출동해 3분 뒤 김우수 씨가 쓰러져 있는 강남구 일원동 717-2번지 일원 터널 사거리 앞에 도착했다. 구급 반장, 구급 대원, 운전 요원 세 명은 사고 현장에서 4분 간 김우수 씨를 응급처치 했다. 외상 환자의 생존에 최초 처치는 매우 중요하다. 기도를 확보해 호흡을 유지하고, 경추와 요추를 고정해 2차 피해를 예방하며, 지혈과 보온 등의 조치를 취함으로써 병원에 도착할 때까지 환자의 상태가 더 나빠지지 않도록 한다. 환자의 상태를 파악하고 기록하여 의료진에게 전달하는 것 또한 중요한 일이다. 구급대는 김우수 씨가 사고로 인한 충격으로 머리를 다친 상태였다고 기록해 놓았다. 머리에서 피가 흘렀고 의식이 없었다. 다만 자발적으로 호흡을 하고 있다는 점이 유일한 희망이었다. 구급대는 응급처치를 완료하고 8시 44분에 일원동 50번지의 삼성서울병원으로 김우수 씨를 이송했다. 사고 장소와 병원은 매우 가까웠다.

삼성서울병원의 응급실 기록을 보았다. 응급실 의료진은 김우수 씨의 상태를 극도로 위중하다고 판단했다. 의식 수준GCS⁺은 최하점인

✚　　GCS(글라스고우 혼수 척도glasgo coma scale), 뇌 손상과 관련해 의식 수준을 나타내는 표준화된 지표이다. 환자의 눈eye, 언어verbal, 운동motor에 대한 반응을 점수화하는데 각각 1점이 최하점이다. 따라서 GCS의 최하점은 3점, 최고점은 15점이다. 점수가 낮을수록 환자의 상태가 좋지 않으며 8점 이하를 중증으로 본다.

3점이었다. 동공이 빛에 반응하지 않았고 말을 하지 못했으며 운동 반응도 없었다. 김우수 씨는 다발성 외상 진단을 받았다. 뇌출혈, 두개 골절, 경추 손상, 폐 좌상, 복부 좌상이 의심됐다. 머리뼈가 깨져 그 안에서 피가 나고, 허리를 다쳤으며, 가슴과 배 안쪽에 있는 장기가 멍이 든 것으로 의심된다는 소견이었다.

머리에 피가 고이는 뇌출혈은 환자 생존과 직결되는 심각한 문제다. 뇌를 감싼 공간은 한정되어 있는데, 이 닫힌 공간 안에 혈액이 밀려들어오면 내부 압력은 높아진다. 뇌압이 증가하는 것이다. 뇌출혈이 지속될수록 혈액은 더 많은 공간을 차지하며 뇌를 한쪽으로 밀어낸다. 밀려난 뇌는 도미노와 같이 호흡 중추를 압박할 수 있다. 호흡 중추가 압박되면 자발적인 호흡이 불가능해진다. 이러한 상태를 개선하기 위해서는 적절한 외과 수술로 뇌압을 낮춰야 한다. 머리를 열어 피를 빼주고 압력을 낮추는 작업이다. 밤 9시 5분, 사고 이후 45분 정도 지난 시간에 김우수 씨는 여전히 자가 호흡을 하고 있었다. 혼자서 숨을 쉴 수 있었다는 것은 뇌출혈이 되돌릴 수 없는 상태가 아니었다는 점을 추정케 한다. 또한 사고 직후 구급대는 머리 외부 출혈이 많지 않았다고 보고했다. 미루어 짐작하면 응급실에 누워 있던 김우수 씨는 많이 다치기는 했으나 생존 가능성이 있었던 것으로 파악된다.

김우수 씨는 머리만 다친 것이 아니다. 흉부와 복부의 안쪽 어딘가가 다발적으로 손상돼 혈압이 떨어지고 있었다. 정상 혈압은

120/80인데, 김우수 씨의 혈압은 77/55를 가리키고 있었다. 정상적인 사람의 몸에서 혈액은 온몸을 순환하고 그 압력도 일정하게 유지된다. 중증 외상 환자의 혈압이 급격히 낮아진다는 것은 어디론가 피가 새고 있다는 뜻이다. 구멍이 난 고무 호스의 물줄기가 약해지는 것과 같은 이치다. 겉으로는 출혈이 확인되지 않는데 혈압이 많이 떨어진다면 인체 내부 어딘가에 출혈이 있다는 말이다.

9시 10분, 김우수 씨는 시티를 찍었다. 9시 40분, 신경외과 의사가 응급실에 내려와 김우수 씨의 시티 사진을 판독했다. 사고가 난 지 1시간 20분이 지났다. **중증 외상 환자는 사고 발생 직후 한 시간 이내에 적절한 치료를 받아야 한다.** 이른바 '골든타임'이다. 골든타임은 국제적인 기준이고 우리 의료계와 정부도 이를 권고하고 있다. 선진국에서는 골든타임을 허비하지 않기 위해 주치의가 환자를 맡아 시티 촬영실까지 따라간다. 판독과 진단에 들어가는 시간을 최소화하고 수술 여부를 신속하게 결정하기 위해서다. 그러나 기록에서 볼 수 있듯, 김우수 씨는 검사를 받다가 골든타임을 훌쩍 넘겨 버렸다.

한국에서 골든타임은 대부분 무시된다. 중증 외상 환자를 적절하게 이송하고 치료할 수 있는 시스템이 정착되지 않았을 뿐만 아니라 구급대나 의료진 사이에서도 골든타임을 준수해야 한다는 인식 자체가 높지 않기 때문이다. 김우수 씨는 응급실 도착에 15분, 시티 촬영까지 26분, 주치의 진단까지 30분을 보냈다. 한 연구를 보면, 복강 내출혈 환자의 경우 응급실에 머무는 90분 이내에 수술을 받지 않으면 이후 1분 당 사망률이 최저 0.11퍼센트에서 최고 0.35퍼센트까지 증가한다.[1] 김우수 씨는 응급실에서 치료를 기다리며 죽음에 가까이 다가가고 있었다.

검사 결과, 김우수 씨는 경막하 출혈, 뇌실질 내출혈, 뇌 좌상 및 지주막하 출혈을 확진받았다.✚ 앞서 의심된다는 소견이 확정 진단으로 바뀐 것이다. 삼성서울병원은 김우수 씨에게 뇌압 조절 및 혈종 제거 수술이 필요하다는 소견을 냈다. 그런데 소견과 달리 김우수 씨에게 내려진 처방은 엉뚱하게도 수술이 아닌 '다른 병원으로 이동(전원)'이었다. 밤 10시 48분, 2시간 6분 동안 삼성서울병원 응급실에 있던 김우수 씨는 병실이 부족하다는 이유로 광진구 혜민병원으로 재이송된다.

중증 외상 환자가 다른 병원으로 재이송된다는 것은 어떤 의미일까? 혜민병원 담당 의사의 말에서 그 뜻은 분명해진다. 혜민병원이 작성한 김우수 씨의 경과 기록지에는 보호자에게 설명한 내용이 나와 있다. "소생 지수(살 수 있는 가능성)가 1퍼센트 미만이다." 재이송이 결정된 순간 죽음의 문턱을 넘어선 것이다.

소생 가능성이 낮아진 것은 어찌 보면 당연한 일이다. 큰 병원에

✚   모두 뇌출혈과 연관된 진단명이다. 뇌 실질을 감싸고 있는 뇌막은 바깥에서부터 경막, 지주막, 연막으로 구분된다. 경막하 출혈은 경막과 지주막 사이의 경막하 공간에, 지주막하 출혈은 지주막과 연막 사이 공간에 피가 고여 뇌를 압박하는 상태를 말하며, 주로 뇌실질 내출혈과 뇌 좌상을 동반한다.

서 작은 병원으로 옮겨졌다. 삼성서울병원은 상급 종합병원이고 혜민 병원은 종합병원이다. 의료 기관을 규모에 따라 구분하면 외래 환자를 담당하는 '의원'과 입원 환자를 담당하는 '병원' 및 '종합병원'이 있다. 상급 종합병원은 종합병원보다 더 크고 전문적인 병원이다. 일반적으로 대학 병원은 대부분 종합병원이거나 상급 종합병원이다. 종합병원과 상급 종합병원은 건물 크기만 다른 것이 아니라 전문 인력과 장비에 있어서도 차이를 보인다. 김우수 씨는 우수한 시설과 장비 및 전문 인력을 갖춘 병원에서 상대적으로 덜 전문적인 병원으로 옮겨졌다고 할 수 있다.

한 응급 의학 권위자는 "삼성서울병원에서 치료하지 못한다면 다른 병원에서도 치료할 수 없다"며 김우수 씨를 재이송한 조치가 부적절했다고 지적했다. 그럼에도 큰 병원에서 중증 외상 환자 떠넘기기는 빈번하게 일어나는 일이다. 의료계도 정부도 이 문제를 잘 알고 있다. 보건복지부 소관 기관인 국립중앙의료원 윤여규 원장은 "외상과 관련한 문제는 (병원이) 중증 외상 환자를 기피하는 것"이라는 사실을 인정했다.[2]

예상대로 김우수 씨는 작은 병원에서 큰 도움을 받지 못했다. 이후 김우수 씨가 받은 치료는 자세하게 말할 것도 못 된다. 사진을 몇 장 찍고 혈액을 몇 팩 맞았다. 삼성서울병원은 김우수 씨에게 수술이 필요하다고 했으나, 김우수 씨는 삼성서울병원과 혜민병원 어느 곳에서도 수술을 받지 못했다. 결국 뇌출혈로 자가 호흡이 불가능한 상태에 빠졌던 것으로 보인다. 그리고 2011년 9월 25일 밤 10시 57분에 사망했다. 사고 26시간 만이다.

김우수 씨는 수술이 꼭 필요한 환자였다. 물론 수술은 수술실과 의사만 있다고 되는 일이 아니다. 수술을 받은 중증 외상 환자는 중환자실 병상에 머물러야 한다. 일반 병실이나 응급실에는 수술 직후 환자를 보살필 만한 인력도, 장비도 없기 때문이다. 삼성서울병원이 김우수 씨를 재이송한 것도 빈 중환자실이 없다는 이유에서였다. 병상 부족은 병원이 즐겨 사용하는 환자 거부 사유다. 그런데 그 큰 병원에 정말 중환자실이 부족했을까? 보건복지부는 국내 병원을 관리하고 감독할 책임이 있는 기관으로, 김우수 씨 사망과 관련된 사건 개요 보고서에서 다음과 같이 말하고 있다. "환자 내원 당시 1339 응급의료 정보센터 병상 정보에 의하면 외상 중환자실과 신경외과 중환자실에 여유가 없음이 확인되었다."

그런데 '외상 중환자실'과 '신경외과 중환자실'이 아닌 다른 진료과의 중환자실은 언급되지 않았다. 몇 초 몇 분 사이로 목숨이 왔다 갔다 하는 응급 환자의 특수성을 병원이 감안한다면 다른 진료과의 중환자실을 사용할 수도 있었을 것이다. 병원은 일반적으로 '프렙 병상'을 남겨 둔다. 프렙 병상이란 예비preparation 병상을 말한다. 프렙 병상은 다음 날 수술이 예정된 환자를 위해 미리 비워 둔 병상이거나 그 밖에 다른 이유로 마련된 예비 자리이다. 당시 삼성서울병원에는 다른 진료과의 프렙 병상이 있었을 가능성이 높다.

하지만 병원에서는 환자 목숨이 경각에 달렸다 해도 다른 진료과가 병상을 선뜻 내주지 않는다. 여러 가지 이유가 있지만 무엇보다 중환자실 병상 운용 일정이 엉키기 때문이다. 암 환자의 경우 거의 대부분 병원이 정한 일정에 따른다. 예약된 시간에 수술을 받고, 정해진 시간 동안 중환자실에 머무르고, 일반 병실로 이동하여 퇴원하는 과정은 병원이 예측 가능한 범위에 있다. 대형 병원일수록 암 환자가 몰리기 때문에 이러한 일정을 지키는 것을 중요하게 생각한다. 반면 중증 외상 환자는 암 환자와 다르다. 교통사고가 아무 예고 없이 찾아오듯 사고의 결과인 환자도 갑자기 응급실에 들이닥친다. 게다가 중증 외상 환자가 중환자실에 한번 누워버리면 언제 의식을 되찾아 일반 병실로 이동할 수 있을지 모를 일이다. 한마디로 병실 회전율이 낮아진다. 다른 진료과 입장에서도 외상외과 중환자실 병상이 부족하다고 해서 자기 과의 프렙 병상을 빌려 준다면 다음 날 예약된 수술 일정에 차질이 생긴다. 물론 빌려 줄 의무도 없다. 진료과 사이의 벽은 생각보다 높다.

그렇다면 이러한 의문도 든다. 어차피 처음부터 병상이 부족했고 다른 병상을 빌려 주지도 않을 거라면 김우수 씨는 왜 삼성서울병원에 두 시간 넘게 머물러야 했을까? 우리나라 "응급의료에관한법률" 제8조는 이렇게 규정하고 있다. "응급 의료 종사자는 응급 환자에 대하여는 다른 환자보다 우선하여 상담·구조 및 응급처치를 하고 **진료를 위하여 필요한 최선의 조치**를 하여야 한다." 병원이 김우수 씨에게 시행한 시티 촬영과 뇌출혈이라는 진단이 그 '조치'에 해당된다. 삼성서울병원은 의무 범위를 크게 벗어나지 않는 선에서 자기 할 일을 했다. 법적으로 책임질 일은 하지 않은 것이다. 그런데 아무리 생각해 봐도 검사와 진단에 그친 삼성서울병원이 최선의 조치를 했다는 것에 동의할 수 없다. 김우수 씨에게 수술이 필요하다고 한 병원은 삼성서울병원이었다. 그러나 그 필요한 조치는 끝내 취해지지 않았고 김우수 씨는 혜민병원에서 사망했다. 책임을 덜기 위해 치료하는 시늉만 낸 것이 아닌가 의심스럽다. 무엇보다 삼성서울병원이 별 방책도 없이 김우수 씨를 붙잡아 두는 동안 김우수 씨를 살릴 수 있는 골든타임은 낭비됐다.

젊은 국민의 최대 사망 원인 '외상'

국내에서 외상으로 인한 사망은 특별한 일이 아니다. 외상은 우리 국민의 주요 사망 원인 가운데 하나로, 사회·경제적으로도 중요한 의미를 가진다. 외상은 특히 질병의 위험이 상대적으로 낮은 청장년층의 최대 사망 원인이다.

중증 외상 환자 발생의 주범은 예고 없이 찾아오는 교통사고다. 국내 보행자 교통사고 사망률은 세계에서 가장 높다. 인구 십만 명당 4.61명으로 OECD 회원국 중 1위다.[3] 보행자와 운전자를 포함한 전체 교통사고 사망률은 10만 명당 16.1명으로 OECD 국가 중 3위다.

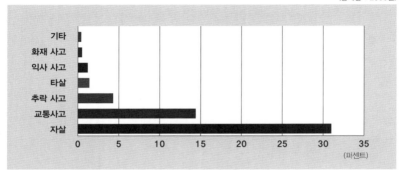

외인사별 현황

(통계청 : 2009년)

기타
화재 사고
익사 사고
타살
추락 사고
교통사고
자살

0   5   10   15   20   25   30   35
(퍼센트)

연령별로 보면 노인 교통사고 사망률(노인 인구 십만 명당 18.3명)도 OECD 국가 중 최고를 기록한다.[4]

　　자살 또한 중증 외상 환자를 발생시킨다. 한국이 자살률 1위 국가라는 점은 널리 알려진 사실이다. 2009년 한 해에만 십만 명당 28.4명이 자살로 사망했다. OECD 국가의 평균은 11.2명으로 한국이 두 배 이상 높다. 2위인 헝가리가 19.6명, 3위인 일본이 19.4명인 것에 비해서도 큰 차이를 보인다.[5] 통계청에 따르면 2009년 자살자는 1만 5,413명이다. 하루 평균 42.2명이 스스로 목숨을 끊은 셈이다. 통계청의 외인사(질병 등이 아닌 사고에 의한 사망)별 현황을 보면, 자살이 31퍼센트로 가장 높고 교통사고가 14.4퍼센트, 추락 사고가 4.3퍼센트로 뒤를 잇는다. 자살 유형에도 여러 가지가 있지만 중증 외상과 관련된 것은 주로 투신이다. 투신으로 외상을 입어 사망하는 비율은 전체 자살의 12.5퍼센트나 된다.[6] 이는 작업 중 사고나 실족 등으로 인한 추락을 제외한 숫자이다. 하루 평균 5.3명, 연간 1,925명이 자살 목적의 투신으로 사망한다. 자살 시도가 미수에 그치는 경우 중중 외상 환자가 된다.

외상은 질병으로 인한 사망과 비교할 때 그 중요성이 낮지 않다. 질병관리본부에 따르면 질병과 사고 등을 모두 포함하여 우리 국민의 3대 사망 원인 가운데 최고는 암인데, 전체 연령대에서 28.3퍼센트를 차지했다. 그 다음이 심혈관 및 뇌혈관 질환으로 19.5퍼센트, 외상이 9.1퍼센트로 3위였다. 그런데 세대별로 살펴보면 외상의 비율이 더 앞서기도 한다. 40세 미만의 젊은 인구에서 외상은 다른 원인을 제치고 사망 원인 1위다. 이보다 나이가 더 많은 40세부터 59세까지는 사망 원인 2위다. 중장년층이나 노년층에 비해 어린이와 청장년층은 상대적으로 암이나 성인병 등 다른 질병에 걸릴 위험이 낮기 때문에 사고에 의한 사망 비율이 높아진 것으로 볼 수 있다.

젊은 인구의 사망은 국가적 손실로 이어진다. 청장년층은 활발한 경제활동으로 국가의 주 수입원인 직접세와 간접세의 상당 부분을 부담한다. 준조세인 국민연금과 건강보험 등의 사회보험을 지탱하면서 상대적으로 혜택을 적게 받는 계층이기도 하고 가정경제를 책임지는 세대이기도 하다. 돈 벌고 자식을 키우며 세금을 내야 할 젊은 사람들이 외상으로 죽는 것은 국가가 방치할 문제가 아니다.

아이들도 위험에 노출돼 있다. 2010년 통계를 보면 9세 이하 어

연령별 3대 사망 원인

(통계청 : 2010년)

연령	1위		2위		3위	
	사망 원인	구성비	사망 원인	구성비	사망 원인	구성비
1~9세	교통사고	18.4	암	14.2	선천성 기형	8.9
10~19세	고의적 자해	24.3	교통사고	22.7	암	14.1
20~29세	고의적 자해	44.9	교통사고	16.6	암	9.2
30~39세	고의적 자해	33.9	암	19.2	교통사고	8.9
40~49세	암	28.1	고의적 자해	16.9	간 질환	8.4
50~59세	암	37.7	고의적 자해	9.5	간 질환	7.4

* █████ 외상 관련 사망 원인

린이의 사망 원인 1위는 교통사고로 18.4퍼센트나 된다. 교통사고는 10세에서 29세까지 사망 원인 2위, 30세에서 39세까지 3위이다. 또한 고의적 자해, 즉 자살은 어린이 및 청장년층의 가장 큰 사망 원인이다. 자살은 10세에서 19세 사망 원인의 24.3퍼센트, 20세에서 29세 사망 원인의 44.9퍼센트, 30세에서 39세 사망 원인의 33.9퍼센트를 차지한다.

　　외상으로 인한 사회적 손실은 상당한 규모다. 국립서울병원은 2005년 「우리나라 자살의 사회·경제적 비용 부담에 관한 연구」 보고서를 출간했는데, 여기서 자살의 사회·경제적 비용이 최대 3조 856억 원에 이를 것으로 추산했다. 의료비와 장례비를 포함해 사망자의 조기 사망으로 인한 수입 상실 등의 간접비, 남은 가족의 의료비 등을 모두 포함한 비용이다. 통계청의 외인사별 사망률 자료를 참고해 단순 비례식으로 풀어보면, 자살(31%)로 인한 사회적 손실이 3조 856억 원이면 교통사고(14.4%)로 인한 손실은 1조 7,492억 원으로 추산할 수 있다. 자살과 교통사고만 더해도 5조 원에 육박하는 사회적 손실이다.⁺

외상으로 인한 사회·경제적 손실을 말해 주는 다른 지표도 있다. 사망자가 생존한 것으로 가정하고 그 피해가 얼마나 큰지 기간으로 환산하여 추정하는 '생존 추정 손실 연수(Years of Potential Life Lost, YPLL)'다. 생존 추정 손실 연수는 주로 어리거나 젊은 인구의 사망 현황을 파악하기 위해 사용하는 지표로, 기대 수명 이하로 사망한 사람들이 기대 수명까지 생존했다면 채웠을 햇수를 모두 합해 표시한다. 인구 1천 명당 뇌혈관 질환은 173.4년이고 간 질환은 96.0년이다. 외상은 364.1년으로 뇌혈관 질환의 두 배, 간 질환의 네 배에 육박한다.[7] 그만큼 외상으로 사망하는 젊은 인구가 많다는 뜻이다.

즉, 외상으로 인한 사망은 개인적인 불운의 문제가 아니라 이미 사회문제다. 이러한 사회적 손실에 대처하기 위해서는 사고가 적게 일어나도록 하는 것이 우선이다. 도로나 보행 환경을 개선할 수도 있고, 실효성 있는 자살 방지 대책을 세우거나 작업장 환경을 개선하려

+ 국립서울병원의 보고서는 2005년에 작성되었고 통계청의 외인사별 사망률 자료는 2010년에 작성되었으므로 단순 비교는 어렵다. 해마다 자살률과 교통사고 사망률이 조금씩 다르고 그 사이 물가 상승분도 고려해야 하기 때문이다. 그렇더라도 외상으로 인한 손실 규모를 추정할 때 참고는 할 수 있을 것이다.

는 노력 등이 필요하다. 그러나 제도를 개선하거나 개인의 주의를 촉구한다고 해서 모든 사고를 예방할 수는 없다. 일단 사고가 발생했을 때 적절한 치료로 사회에 복귀시킬 수 있는 의료 체계를 정비하는 일은 예방 대책과 함께 필수적으로 동반되어야 한다. 아주대병원 외상외과 이국종 교수의 말은 귀 담아 들을 만하다.

> "중증 외상 환자들은 제때 적절한 치료만 한다면 대부분 살려 낼 수 있다. 어떻게든 살려 내기만 하면 이들은 세금과 건강보험료를 내는 이 사회의 건강한 구성원으로 돌아갈 수 있다. 정부가 인구 문제에 있어 저출산에만 몰두할 것이 아니라, 경제 인구의 보존에도 그만큼의 관심을 기울여야 한다."

가난한 이의 죽음은 더 일찍 찾아온다

경제적 손실이 발생한다는 것 말고도 외상은 사회적으로도 중요한 의미를 가진다. 외상으로 다치고 사망하는 사람은 경제 인구 가운데서도 주로 노동자와 서민 계층에 몰려 있기 때문이다. 외상은 불평등의 문제기도 하다. 작업장에서 안전사고를 당하는 노동자, 예기치 않은 부상에 노출된 농부와 어부, 먹고살기 위해 온종일 운전하다 교통사고가 난 운전기사가 그렇다. 외상 환자는 화이트칼라 계층보다 블루칼라 계층에 압도적으로 많다.[8] 저학력이거나 빈곤에 시달리는 계층은 안전사고가 일어날 가능성이 높은 직종에 주로 유입된다. 이들의 죽음은 그 자체로 끝나지 않는다. 궁핍한 가정에서 가장의 노동이 유일한 수입원일 경우, 가장의 사망은 가정경제에 직격탄이 된다. 구사일생으로 살아나 수술을 받는다 하더라도 치료에 들어가는 비용은 가계에 큰 경제적 부담이다. 가계의 부담은 자식 세대에 저학력과 빈곤을 대물림하고, 그렇게 사고와 죽음의 가능성은 유전된다. 우리 법률은⁺ 모든 국민이 계층에 관계없이 건강할 권리와 의료 이용을 보장받도록 국가와 지방자치단체 및 의료 기관에 의무를 부여하고 있다. 중증 외상 환자가 병원에서 홀대받는 것은 정부와 병원이 자신의 의무를 다하지 못하고 있다는 것을 보여 준다. 가난한 사람들은 법이 정한 대로 보호받지 못한다.

2011년 5월 7일 66세의 농부 최익현(가명) 씨는 경운기를 몰고 가다 전복 사고를 당했다. 경운기에 깔린 최익현 씨는 300병상 규모의 종합병원으로 이송됐다. 현행 의료법은 종합병원의 요건을 규정하며 필수 진료 과목으로 외과 전문의를 두도록 했다. 최익현 씨가 도착한 종합병원에는 일반외과, 정형외과, 신경외과, 흉부외과 등 13명의 전문의가 근무하고 있었다. 또한 7개의 수술실과 22개의 중환자실 병상을 운영하고 있었다. 하지만 이런 인력과 시설을 갖춘 종합병원도 최익현 씨를 치료하지 못하고 그는 더 큰 병원으로 재이송됐다.

⁺ "공공의료에관한법률" 제2조, 제3조

최익현 씨가 재이송된 곳은 경기 남부 유일의 권역응급의료센터이자 중증 외상 환자를 전문적으로 치료하는 아주대병원이었다. 최익현 씨는 아주대병원에서 장기 파열로 몸 내부에 혈액이 쌓이는 혈복강과 갈비뼈 복합 골절 진단을 받았으며 내장을 지지해 주는 결장간막과 장간막이 손상되고 신장과 대장이 파열됐다는 진단도 받았다. 죽음이 목전에 있었다. 최익현 씨는 1차 수술을 받았다. 신장을 떼어내고 대장의 일부를 제거했다. 이곳저곳의 출혈을 막았다. 나흘 뒤 2차 수술을 받고 중환자실에서 생명 유지 장치를 달았다. 고비가 여러 차례 왔다. 폐렴이 오고, 폐에 체액이 차오르는 흉막 삼출과 폐부종으로 인해 급성 호흡 곤란 증후군이 왔다. 자발적 호흡이 불가능했고 전신 염증 반응인 패혈증까지 나타났다. 최익현 씨는 5월 7일부터 6월 26일까지 31일간 중환자실에서 24시간 집중 치료를 받았다. 그리고 사고 106일 만인 8월 20일, 건강한 몸으로 퇴원을 했다.

경운기는 농가의 대표적 농기계로, 경운기 전복 사고 등은 농촌에서 생각보다 자주 일어난다. 2011년 기준으로 전국에서 농기계 사고로 죽거나 다친 사람이 총 602명이고, 그 가운데 60명이 사망했다. 급속한 노령화와 안전 부주의는 사고가 일어날 확률을 그만큼 높인다.[9] 그런데 대부분의 농촌에는 제대로 된 병원이 없고, 있다 하더라도 최익현 씨의 경우처럼 지역에서 종종 일어나는 사고에 대처할 인력과 장비조차 갖추고 있지 않다.

지역 의료 기관이 지역에서 가장 빈번한 사고에도 제대로 대처하지 못한다는 것은 농촌의 의료 공백이 심각한 수준이라는 것을 말해 준다. 최익현 씨의 경우처럼 교통사고로 사망하는 비율은 농업인의 경우 46퍼센트로, 평균 외상 사망에서 교통사고가 차지하는 비율인 36퍼센트를 훌쩍 뛰어넘는다. 농기계 등을 운전하다 당하는 사고가 그만큼 심각하다는 뜻이다. 농부는 농사철에 더 다친다. 농사를 본격적으로 시작하는 5월부터 10월까지 6개월간의 외상 발생 빈도는 나머지 기간에 비해 20퍼센트 정도가 더 높았다. 농업 활동이 활발할 때에 농기계 사고도 잦고 사망의 위험도 높아질 수밖에 없다.✚

농촌의 문제만이 아니다. 중증 외상 발생 비율과 그로 인한 사망률은 직종별로 뚜렷한 차이를 보인다. 농림축산식품부의 연구 보고서에 따르면 사무직에 속하는 법무, 회계 및 기타 기술 서비스업 종사자의 경우에는 연간 1천 명당 0.25명이 외상으로 사망했다. 반면 농업은 여섯 배가 넘어 1.66명이 사망했다. 건설업과 임업도 위험하기는 마찬가지다. 건설업 종사자는 기술 서비스업 종사자에 비해 사망 발

<hr />

✚ 농촌은 연령별 외상 사망 양상이 역전되는 곳이기도 하다. 농림축산식품부의 연구 보고서를 보면[10] 20세에서 39세의 농업 세대주 가운데 중증 외상 환자는 322명(사망자 21명)이지만 65세에서 84세 사이의 중증 외상 환자는 3,160명(사망자 359명)이었다. 고령화된 농촌의 모습이 그대로 반영된 것일 수도 있고 노년층이 농기계 작동에 더 어려움을 겪고 있는 것으로도 해석할 수 있다. 농촌의 노인들은 직종과 연령 면에서 중증 외상의 고위험군인 만큼 특별한 관리가 필요한 인구 집단이지만 국내 의료 체계는 이를 오랫동안 간과해 왔다.

2003년 직업군별 외상으로 인한 천 명당 사망 발생 현황

(농림축산식품부 : 2007년)

임업	광업	농업	어업
3.38	2.18	1.66	1.65

건설업	시설 유지 관리	통신업	법무, 회계 및 기타 기술 서비스업
1.21	0.74	0.29	0.25

생률이 다섯 배 정도 더 높았고 임업 종사자는 1천 명당 3.38명이 사망하여 무려 열세 배 높았다. 작업장 안전 수칙을 철저히 지켜 사고를 미연에 방지하는 것도 중요하겠지만 외상 의료 체계를 정비할 때 직종별로 특별한 고려가 필요하다는 뜻도 된다. 특히 농업이나 임업처럼 특정 직종이 특정 지역에서 두드러지는 경우에는 해당 작업장에서 예측 가능한 사고에 대처할 수 있도록 지역 의료 체계가 잘 정비되어 있어야 한다.

학력에 따라서도 사망률에 차이가 있다. 한마디로 덜 배운 사람이 더 많이 죽는다. 이화여대 예방의학과 정최경희 교수[11]에 따르면, 초등학교 졸업자의 사망 위험 비율이 대학 졸업자에 비해 최대 9.5배 높은 것으로 드러났다. 사망 위험 비율은 대졸 이상 25세에서 44세 사이 성인 남녀의 사망 위험 비율을 1로 보고 다른 학력 계층과 비교

아주대병원 중증외상특성화센터 중환자실 환자 직업 현황

(단위: 명)

이름	나이	직업	외상 이유	사고 직후 아주대병원으로 즉시 이송
이무근	34	무직	몰던 차가 다른 차량을 추돌	
김은희	34	마트 판매원	차량 전복 사고로 차에서 튕겨 나감	
이우선	75	무직	건물에서 뛰어내려 자살 시도	
강재욱	49	부동산 관련	운전 중 사고	
이창욱	48	일용직 노동자	오토바이 운전 중 사고	O
양미란	24	학생	오토바이 타고 가다 사고	O
이욱석	61	무직	음주 뒤 넘어짐	O
최상철	24	생산직 노동자	길을 걷다 차에 치임	
이제욱	52	공인중개사	횡단보도를 건너다 차에 치임	
최은순	78	무직	넘어져 의사 모서리에 부딪힘	
권욱식	19	대학생	건물에서 뛰어내려 자살 시도	
김상원	40	자영업	운전 중 차량 전복 사고	
안철민	26	미확인	오토바이 뒷좌석에 타고 가다 사고	O
성우진	48	미확인	명확하지 않음	O
신우만	53	생산직 노동자	사다리에서 떨어짐	O
주영식	24	음식점 배달부	5층 건물에서 추락	
하영권	72	미확인	운전 중 덤프트럭과 충돌	

* 출처: 『한겨레21』, "'이 사람, 살려만 달라' 외침에도 가난이 묻었다", 김기태 기자. 2011. 1. 3
** 환자 이름은 모두 가명.

한 지표이다. 중졸이나 고졸인 경우 남성은 2.4배, 여성은 1.7배 높은 것으로 나타났다. 초등학교 졸업 이하인 경우에는 남성 9.5배, 여성 5.8배로 그 폭이 더 컸다. 정최경희 교수의 연구는 다양한 사망 원인을 모두 포함하고 있어 외상에 한정되지는 않으나 『한겨레21』이 소개한 아주대병원 외상센터 중환자실 환자들의 직업 현황에서도 외상과 학력의 관계를 간접적으로 재확인할 수 있었다.[12]

총 17명의 중증 외상 환자들 가운데 고학력을 필요로 하는 직업을 가진 사람은 거의 없었다. 일용직 노동자, 생산직 노동자, 마트 판매원, 음식점 배달부와 무직자가 대부분이고 사무직 노동자와 자영업자는 각 한 명씩이었다. 아주대병원 중증외상특성화센터에서는 일반적인 모습이다. 이국종 교수는 "10년간 1,300여 명의 환자를 봤지만 에어백 있는 외제차 타는 환자는 딱 한 번 봤다. 그도 분당의 병원에서 안 받아 줘서 온 것이다"며 **노동계층이 외상으로 죽을 확률이 화이트칼라보다 스무 배 이상 높다.** 내 환자 중엔 농민, 건설 노동자, 공장 노동자, 불법 체류 외국인 노동자는 물론 일반 서민이 일터에서 떨어지고, 깨지고, 끼고, 부딪혀 다치는 경우가 대부분이다. 이들의 죽음을 지켜볼 수밖에 없는 현실이 안타까울 뿐"이라고 말했다. 못 배우고 가난한 사람들에게 죽음은 더 일찍 찾아온다. 그 죽음의 배경에는 중증 외상에서의 의료 공백이라는 문제가 있다. 어쩌면 못 배우고 가난한 사람의 문제이기에 더 외면 받는 것인지도 모른다.

응급실 입장료 5만 원

병원
사용
설명서
1

2010년 8월, 서울에 사는 김소영(가명) 씨는 인근 대학 병원 응급실을 찾았다. 전날부터 가슴이 아팠다. 숨 쉴 때마다 전에 없던 통증이 느껴졌다. 하루이틀 쉬면 나아지겠지 싶어 진통제를 복용했다. 참지 못할 통증은 한밤중에 찾아왔다. 김소영 씨는 데굴데굴 구를 정도로 아팠다. 119 구급차를 타고 응급실에 갔다. 혈액 검사와 엑스레이 검사를 하고 진통제가 투여됐다. 백혈구 수치가 다소 높게 나왔다. 몸 어딘가에 염증 가능성이 있는 것이다. 면역 기능이 떨어져 있었다. 영상 판독 결과 한쪽 폐에 폐렴이 의심됐다. 김소영 씨는 설명을 들으며 이제야 주변이 보이기 시작했다. 진통제 탓인지 통증도 많이 줄었다. 정확한 진단을 위해 외래 진료 예약을 잡고 항생제를 처방받았다. 한 시간 만에 집으로 돌아가게 된 김소영 씨는 오래 걸리지 않아서 다행이라고 생각했다. 하지만 수납을 하자 이런 생각은 사라졌다. 완전히 나은 것도 아닌데 생각보다 병원비가 많이 나왔던 것이다. 김소영 씨가 내야 할 돈은 9만 5천 원이었다.

의정부에 사는 조희정(가명) 씨는 올해 돌이 갓 지난 둘째 아들이 배탈이 나 새벽에 대학 병원 응급실을 찾았다. 항상 준비해 뒀던 상비약이 다 떨어져 집에서 마땅히 할 것이 없었다. 진료 시간은 5분을 넘지 않았다. 특별한 검사도 하지 않았다. 처방받은 약은 소화제, 정장제, 지사제 3종류였다. 조희정 씨는 응급실 영수증을 보고 깜짝 놀랐다. 진찰료와 응급 의료 관리료 등이 포함돼 4만 2,740원이나 나온 것이다. 동네 병원에서 치료를 받았다면 진찰료와 약값까지 5천 원 정도에 해결됐을 텐데 하는 아쉬움이 들었다. 간단한 약만 처방받은 것 치고는 응급실 이용료가 너무 비싸다고 생각했다.

응급실은 왜 비쌀까?

늦은 밤, 아파서 응급실에 가면 뭘 한 것 같지도 않은데 적어도 5만 원 돈은 깨진다. 감기 몸살로 인한 고열이나 배탈 같은 경증 질환이 대표적이다. 검사 몇 가지를 추가하면 영수증에는 금세 10만 원이 찍힌다. 환자 입장에서는 마치 바가지라도 쓴 것 같은 억울한 느낌을 받는다. 평일 낮에 동네 의원에 가서 고작 몇 천 원 내던 것을 생각하면 더욱 그렇다. 응급실은 해 주는 것도 별로 없는 것 같은데 왜 이렇게 비싸기만 할까?

응급실에서 진료를 받으면 일단 기본료가 붙기 때문이다. 응급의료 관리료(이하 응급 관리료)가 그것이다. 보건복지부는 해마다 응급 관리료를 정해 발표한다. 상대적으로 규모가 큰 권역응급의료센터와 지역응급의료센터의 경우 2012년 기준 3만 5,740원이다. 규모가 작은 지역응급의료기관은 1만 7,870원이다. 환자가 응급 관리료를 내야 하는 이유는 두 가지다. 첫 번째로 응급실은 환자가 있든 없든 24시간 유지되기 때문에 빈 병상과 대기 인력을 유지하는 데 비용이 든다. 이 비용을 환자들과 나눠 지자는 것이다. 두 번째는 비응급 환자의 응급실 이용을 제한하기 위해서다. 그래서 응급 환자로 판명되었을 경우, 응급 관리료는 50퍼센트만 청구된다. 상급 종합병원인 경우에는 60퍼센트다. 나머지 비용은 국민건강보험공단이 부담한다. 반면 비응급 환자로 판명되었을 경우 본인이 응급 관리료 전액을 부담해야 한다. 예를 들어 감기 환자가 권역응급의료센터 응급실에서 진료를 받았다면 응급 관리료와 진료비 등을 더해 기본적으로 5만 원가량을 지불해야 한다. 일종의 기본료이자 입장료인 셈이다.

기본료 외에도 야간에 진료를 받으면 진찰료는 30퍼센트, 나머지 의료 행위료는 50퍼센트 정도가 추가로 청구된다. 보건복지부가 정한 진료비 산정 기준에 있는 야간 가산 제도이다. 주말에도 그렇다. 주사를 놓거나 엑스레이를 판독하는 등, 여러 검사에 가산 제도가 적용되면 비용은 그만큼 올라간다. 대학 병원 응급실 진료비는 평균 42만 원에서 60만 원 정도라고 한다.[13]

응급실 진료비가 비싸다고 생각되면 규모가 작은 응급실을 이용하는 것도 방법이다. 규모가 작은 지역응급의료기관은 응급 관리료가 절반 수준이다. 때문에 감기와 같은 경증 질환인 경우에는 지역응급의료기관으로 가는 것이 경제적이다. 환자들이 큰 병원을 선호하기 때문에 작은 병원 응급실은 상대적으로 한산하기도 하다.

단순히 진통제나 해열제, 소화제 따위가 필요한 경우라면 편의점 등에서 일반 의약품을 구매할 수 있다. 2012년 11월 15일부터 편의점의 안전 상비 의약품 판매가 허용됐기 때문이다. 그러나 환자의 상태가 조금이라도 의심된다면 스스로 치료하는 것보다 돈이 좀 더 들더라도 응급실에 가는 것이 바람직하다. 참고로 고혈압, 당뇨 같은 만성질환이 있다면 평소에 복용하는 의약품이나 처방전, 또는 빈 약봉지라도 응급실에 들고 가면 정확한 진단에 도움이 된다.

이렇게 아픈데 비응급이라고?

때로는 환자 본인도 모르고 응급실을 찾았는데 신속한 치료가 필요한 응급 환자로 분류되기도 한다. 보건복지부는 응급 증상과 이에 준하는 증상을 정하고 있다. 통상적으로는 즉시 치료하지 않으면 사망에 이르거나 위중한 상태인 환자를 응급 환자로 본다.

우선 머리를 다친 경우는 응급 증상이다. 머리의 손상으로 갑자기 의식이 없거나, 구토·의식장애를 겪는 등의 신경학적 응급 증상이 있으면 응급 환자로 분류된다. 또한 별다른 이유 없는 의식장애나 현기증(현훈) 등도 응급 증상에 준하는 것으로 분류된다. 이 밖에도 심한 탈수와 약물 중독, 중증 외상, 다발성 각혈, 화학물질에 의한 눈의 손상, 얼굴 부종을 동반한 알레르기 반응, 자신 또는 다른 사람을 해칠 우려가 있는 정신장애, 호흡곤란, 화상, 급성복증(급성 복막염·장 폐색증·급성 췌장염 등)을 포함한 배의 이상 증상, 골절과 탈골, 배뇨 장애를 겪는 환자들도 응급 환자다. 이상의 증상으로 발전할 가능성이 있을 때에도 응급 환자로 분류된다.

특히 야간과 공휴일에 여덟 살 이하의 어린이가 열이 나면 응급 환자에 해당한다. 분만을 위해 응급실을 찾은 산모나 성폭력으로 인해 산부인과적 검사가 필요한 환자도 응급 환자로 분류된다. 이러한 응급 증상을 보이는 환자는 다른 환자에 비해 최우선적인 치료를 받게 된다. 단순한 몸살감기에 걸린 성인이라면, 통증과 무관하게 비응급 환자로 분류될 가능성이 높다.

생각해 보면 그리 비싸지만은 않다

우리나라 응급실 진료비는 객관적으로 비싸다고만 할 수도 없다. 일반 외래 진료에 비해 응급실은 시설과 장비 및 인력을 유지하는 데 더 많은 비용이 든다. 응급실 인력의 인건비 등은 병원 적자의 원인이기도 하다. 보건복지부의 연구 용역 결과, 의료 기관 평균 원가 보존율은 87.5퍼센트인데 응급실은 60퍼센트 대였다. 응급실에서는 인건비가 많이 드는 의사와 간호사가 3교대로 24시간 근무한다. 인력이 세 배 더 필요한 셈이다. 결국 환자는 너무 비싸다고 불평하고, 병원은 너무 싸다고 불만이다. 다른 나라와 비교하면 어떨까?

2010년 미국 여행을 간 배영호 씨는 여덟 살 난 딸이 감기 증상을 보이자 캘리포니아의 한 대학 병원 응급실을 찾았다. 엑스레이 촬영과 호흡기 치료를 받고 네 시간 만에 퇴원했다. 간단한 약을 몇 개 처방받은 것이 전부였다. 그러고 나서 500달러, 원화로 약 60만 원을 내고 왔다. 그런데 이게 끝이 아니었다. 한 달 뒤 진짜 청구서가 날아 왔다. 앞서 낸 500달러를 합쳐 총 진료비는 3,500달러에 육박했다. 감기 치료에 400만 원이 넘게 든 것이다. 한국의 응급실에서는 5만 원이면 되는 걸 80배나 더 많은 돈을 낸 셈이다. 다행히 여행자 보험을 들어 놓은 덕분에 비용 문제를 해결할 수 있었지만, 배영호 씨는 청구서를 받아든 그날을 생각하면 아직도 머리가 아찔하다.

참고로 경제적인 문제나 다른 이유로 응급 상황에서 진료비를 챙길 여유가 없는 환자를 위한 제도도 마련되어 있다. 응급 의료비 대불 제도가 그것이다. "응급의료에관한법률"은 환자의 생명을 진료비에 우선하고 있기 때문에 응급실 의사는 환자가 돈이 없다는 이유로 진료를 거부할 수 없다고 명시하고 있다. 이런 선언적인 규정만으로는 환자의 권리를 보호할 수 없기 때문에 대불 제도를 운영하는 것이다. 이용 방법은 응급실 수납 창구 직원에게 대불 제도를 이용하겠다고 말하고 직원이 제공하는 병원비 미납 확인서를 쓰면 된다. 퇴원 뒤 건강보험심사평가원이 환자의 주소지로 진료비 청구서를 보낸다. 정부가 대불해 준 진료비는 최대 12개월까지 분할해 납부가 가능하며 이자가 붙지 않는다는 것이 장점이다. 그럴 일은 거의 없지만, 만일 병원이 대불 제도를 거부한다면 건강보험심사평가원 의료 급여 관리부(02-705-6119)에 신고하면 된다. 다만 비응급 환자의 경우에는 대불 제도를 이용할 수 없다. 만일 지불 능력이 없는 환자나 신원 파악이 힘든 응급 환자의 경우에는 국가가 부담한다.

2장

생명의 시간
'골든타임'

2012년 4월 늦은 저녁, 수원의 아주대병원 중증외상특성화센터 중환자실을 찾았다. 이국종 교수와 그의 팀은 으레 중환자실에 있었다. 김우수 씨의 사망을 계기로 처음 이곳을 방문한 뒤부터 열 번이 넘게 드나들었다. 중증 외상에 관해 이국종 교수의 조언을 듣거나 관련 법 개정을 논의하는 것은 이메일을 주고받는 것으로 충분했지만, 왠지 모르게 자주 방문하게 됐다. 다른 업무의 경우 현장 방문을 위해 사무실을 벗어나는 일은 많지 않았다. 여의도에서 수원까지는 먼 거리였고 돌아오면 일거리가 그만큼 늘었다. 그래도 한번 다녀오면 마음이 편해졌다. 그래서 일과 후에 시간을 내서 찾게 되는 곳이었다.

아주대병원 중증외상특성화센터 중환자실은 따뜻한 햇볕이 스며들 수 있도록 삼면이 유리로 되어 있다. 한 명당 중환자 세 명을 담당하는 간호사들의 차분하면서도 전문적인 일처리가 안정감을 줬다.

죽은 것과 다름없어 보이던 상태의 사람들이 다음 방문 때 일반 병동으로 옮긴 것을 확인하는 게 좋았다. 이런 병원의 풍경을 전국으로 확대하려는 것이 당시 준비 중이던 "응급의료에관한법률 개정안"의 핵심이었고 아주대병원에 올 때마다 정책의 미래를 미리 눈으로 보는 것 같아 보람을 느꼈다.

그날은 중환자실 면회 시간을 앞두고 도착했다. 중환자실은 병원 내 감염에 취약한 환자들이 집중 치료를 받는 곳이기 때문에 면회 통제가 일반 병동보다 엄격하다. 보호자 면회는 오전 10시와 저녁 8시 30분, 하루 두 번으로 제한된다. 면회 시간 30분 전부터 보호자들은 중환자실을 막고 있는 두 개의 문 밖에 하나둘씩 서성인다. 제 시

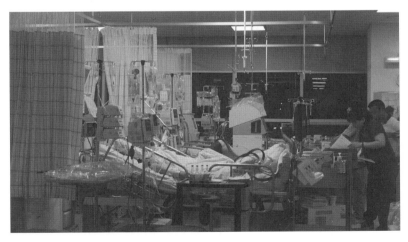

아주대병원 중증외상특성화센터 중환자실 정경.
중환자실은 늘 고요한 가운데 바쁘게 움직인다.

간에 와도 충분히 면회를 할 수 있지만 문 너머에서 사경을 헤매고 있을 가족과 지인을 생각하는 마음에 일찌감치 자리를 잡고 서 있는 것이다.

면회 시간이 시작되면 손끝부터 팔꿈치까지 깨끗하게 씻은 보호자들이 들어온다. 저마다 목에 환자의 병상 번호가 적힌 번호표가 매달려 있다. 혼잡을 피하기 위해 환자 한 명당 보호자 한 명만 중환자실에 들어올 수 있다. 의식이 없는 남편을 감싸 안듯 엎드려 있던 부인이 금세 몸을 일으킨다. 손이라도 오래 잡고 있고 싶지만 애타게 면회를 기다리는 다른 가족들을 생각해야 하기 때문이다. 중환자실 밖에는 딸이 아빠를 보기 위해서 기다리고 있다. 엄마와 번호표를 바꿔 건 딸이 들어와 아버지를 만난다. 눈인사도 나누지 못하는 아버지를 앞에 두고 딸은 울음을 참지 못하고 나간다. 몇 번이나 울었을까? 딸 뒤로 환자의 형이 들어온다. 형은 묵묵히 동생의 머리카락을 매만졌다. 그 옆 병상에는 중년 여성이 어머니로 보이는 환자의 손을 잡고 눈물을 줄줄 흘리고 있었다. 찾아온 가족이 한 명뿐인지 오랫동안 자리를 뜨지 않았다.

중환자실을 지키고 있는 의사들은 보호자들에게 해 줄 말이 많지 않다. 이미 환자의 상태와 치료에 대해서는 전부 설명했다. "상태가 좋지 않다", "수술이 끝났으니 지켜보겠다", "필요하면 수술을 더 하고 약물을 투여하겠다"가 고작이다. 말을 덧붙인다면 수술 방법이나 투여하는 약물의 성격을 알기 쉽게 설명하는 정도겠지만 이는 좀 더 자세한 사족에 불과하다. 어제의 치료와 오늘의 치료가 크게 다르지 않기 때문이다. 환자 상태가 불안정한데 희망적인 말은 금물이다. 중증 외상 환자는 갑자기 사망할 수도 있다. 전신 염증 반응이 올 수도 있고 심장이 갑자기 멎을 수도 있다. 그러니 중환자실에 누워 있는 것이다. 의학 용어를 쓰지 않고 쉽게 말한다 해도 일반인이 제대로 이해할 수 있는 내용은 아니다.

사실 보호자들이 진정으로 듣고 싶은 말은 전문적인 설명 따위가 아니라 일반 병동으로 옮겨도 된다는 구원 같은 말이다. 이런 이유로 의료진들은 무작정 희망적인 말을 할 수도, 현재 환자의 상태가 얼마나 나쁜지 정확하게 설명하여 절망을 줄 수도 없다. 이국종 교수가 새로 들어온 환자의 보호자에게 환자 상태와 치료 방법을 설명하는 동안 힐끗 옆 자리의 병상을 보니 일반 병동으로 옮기는 날을 받아 놓은 보호자들의 표정이 밝았다.

박정찬(가명) 씨는 이날 가장 상태가 좋지 않은 환자다. 20개의 중증 외상 중환자실 병상 가운데 하나를 차지한 그는 다른 대부분의 환자와 같이 의식이 없었다. 의학 지식이 전무한 내가 보기에도 멀쩡한 곳을 찾아보기 어려울 만큼 많이 다쳤다. 박정찬 씨는 2012년 4월 교통사고를 당했다. 마흔다섯 살로, 아내와 대학생 아들, 고등학생 딸을 둔 가장이었다. 면회를 위해 중환자실에 들어온 박정찬 씨의 아내는 이국종 교수를 보자 손부터 잡았다. 그녀는 울음 섞인 목소리로

"석해균 선장님도 살려 주셨잖아요" 하고 말했다.

짧은 면회 시간이 끝났다. 박정찬 씨의 혈중 산성도(pH)는 지나치게 산성화되어 있었다. 정상 수치로 돌려놓지 않으면 치료를 계속할 수 없다. 사망하는 것이다. 건강한 사람의 혈액은 일반적으로 pH 7.35~7.45 정도의 약알칼리성이다. 산성(pH 7.0 이하)에 가까워지면 그만큼 감염 위험이 높아지고 그렇지 않아도 감염에 취약한 외상 환자의 몸은 통제 불능 상태에 빠질 수 있다. 산성도를 되돌려 놓기 위해 건강보험이 적용되지 않는 비싼 주사약이 여러 개 들어간다. 이국종 교수는 주변 전공의와 수련의에게 "한두 개씩 넣으면서 상태 보면 안 된다고. 여기서 더 밀리면 끝이야. 스무 개, 안 되면 서른 개라도 더 때려 넣어. 더 밀리면 안 돼!"라고 다그친다. 숫자와의 싸움이다. "30분만 더 있으면 산성도가 6.7까지 올라갈 것 같은데." 이 교수가 중얼거린다. 박정찬 씨는 아주대병원에 너무 늦게 왔다. 이전 병원에 너무 오래 머물렀고, 골든타임은 아주대병원에 오기 며칠 전 이미 지나 있었다.

이국종 교수의 얼굴에 피로가 가득했다. 그는 건조한 표정으로 중환자실 밖에서 서성이는 박정찬 씨의 보호자들에게 걸어갔다. 열 명 가까이 모인 박정찬 씨의 가족과 친척들이 이국종 교수 앞을 둘러쌌다. 다른 친척 네 명은 지금 대구에서 올라오는 중이라고 한다. 박정찬 씨의 부인이 다시 이국종 교수의 손을 잡는다. 이국종 교수는 그 손을 놓지 못하고 설명을 시작한다. "환자 상태는 그 어느 때보다 심각합니다. 하지만 최선을 다하겠습니다." 이국종 교수의 말이었다. 길지 않은 그 설명은 박정찬 씨와 아무 상관없는 내가 듣기에도 건조하고 괴롭다.

실제로 이국종 교수는 최선을 다하고 있다. 아주대병원 외상 진료팀은 모두 박정찬 씨에게 매달려 있다. 건강보험이 적용되지 않는 고가의 비급여 의약품도 아낌없이 쓰고 있다. 비급여 의약품을 사용하면 아주대병원에 적자로 돌아오게 된다. 그 적자는 고스란히 이국종 교수의 책임이다. 박정찬 씨는 죽음 앞에서 어느 병원, 어느 의사에게도 받기 어려운 일종의 '호사'를 누리고 있었다. 그리고 박정찬 씨의 보호자들도 일종의 '특권'을 누린다. 이국종 교수를 둘러싼 박정찬 씨의 보호자들 밖으로 또 다른 보호자들이 띠를 두르듯 서 있다. 중환자실에 들어온 지 얼마 되지 않는 다른 환자의 보호자들이다. 그들은 박정찬 씨의 보호자들만큼 이국종 교수와 시간을 나눌 수 없다. 다른 환자들 앞엔 죽음이 열 발짝 정도 거리를 두고 있다면 박정찬 씨는 반 발짝을 남겨 두고 죽음과 사투 중이기 때문이다.

박정찬 씨와 그의 가족들이 '호사'와 '특권'을 누리는 건 절대 부러운 일이 아니다. 다른 보호자들도 그 점을 잘 알고 있다. 박정찬 씨의 가족들에게 설명을 마치고 들어갈 때 이국종 교수에게 말을 거는 다른 환자의 보호자가 있었다. 이국종 교수가 듣지 못하고 스쳐가자 그는 멋쩍은 표정을 짓고 말았다. 또 다른 보호자들은 서성이며 어디론가 전화를 한다. 방금 면회를 마친 그들의 표정은 어둡지 않았다.

하루이틀 안으로 중환자실을 벗어나 일반 병동으로 갈 수 있다는 통보를 받은 환자의 가족들이었다.

　중증 외상 환자가 병원에서 죽는 것은 흔한 일이다. 하지만 아주대병원에서는 흔한 일이 아니다. 해마다 400명~500명의 환자가 중환자실을 거쳐 가지만 그 가운데 스무 명에서 서른 명 정도가 사망한다. 사망한 환자도 만약 골든타임 안에 아주대병원으로 실려 왔다면 그 수는 두세 명 정도로 줄었을 것이다. 아주대병원 중증외상특성화센터의 원내 예방 가능 사망률은 2퍼센트 대다. 다른 병원을 거치며 악화된 환자들이 수두룩한데도 어떻게든 수술해서 98퍼센트까지 살려내는 것이다. 그러나 나쁜 일은 때때로 함께 온다. 이미 어제 환자 두 명이 사망했다. 환자의 죽음엔 내성이 생길 만도 한데, 이국종 교수는 상당히 예민한 상태였다. 박정찬 씨까지 보내면 이틀 간 세 명이 사망하는 것이다.

　밤 9시 45분, 박정찬 씨는 아직 살아 있다. 인공호흡기가 호흡을 시키고 혈액투석기가 그의 피를 걸러 준다. 공격적인 의약품 처방으로 산성도를 바로잡고 나자 이번엔 혈압이 90/60까지 떨어졌다. 이국종 교수 팀과 박정찬 씨의 죽음이 서로 전투를 벌이고 있는 것 같았다. 의료진이 박정찬 씨의 죽음을 몇 발자국 밀어내면 박정찬 씨의 죽음은 더 사납게 날뛰었다.

　대구에서 올라오고 있다던 보호자 네 명이 도착했다. 면회 시간이 아니지만 그들은 한꺼번에 중환자실로 들어왔다. 최악의 상황이 가까워졌으니 마음의 준비를 할 수 있게 도와주는 배려처럼 보였다. 이런 특권이 어떤 의미인지 아는지 모르는지 보호자들은 박정찬 씨를 말없이 내려다본다. 박정찬 씨와 많이 닮은 중년의 사내가 박정찬 씨 발을 계속 주물렀다. 발 말고는 성한 곳이 없는 몸이었다. 박정찬 씨가 매달고 있는 열 개가 넘는 수액이 조용히 따라서 흔들린다. 무겁게 서 있던 그들은 곧 자리를 뜬다.

밤 11시 20분, 박정찬 씨의 혈압은 39/25까지 떨어졌다. 1분 뒤 다시 21/17까지 떨어졌다. 심장이 전신에 혈액을 제대로 보내지 못하는 것이다. 의사 다섯 명과 간호사 여섯 명, 응급 구조사 두 명이 박정찬 씨를 둘러쌌다. 박정찬 씨는 죽음 직전에 있었다. 11시 30분, 의료진 가운데 한 명이 병상 위로 올라가 기능을 못하는 심장을 대신해 심폐 소생술을 시행했다.

박정찬 씨가 소생할 가능성은 매우 낮았다. 그래도 흉부 압박은 계속된다. 그게 이들의 일이다. 갈비뼈가 전부 부러지지 않을까 걱정될 정도로 압박이 세다. 침대가 들썩거린다. 안 될 것 같더라도 이렇게 하다 보면 열에 하나는 다시 돌아오기 때문이라고 한다. 최선을 다한다는 말은 이런 행동으로 표현된다. 2분씩 교대로 전 스태프가 돌아가며 흉부 압박을 지속한다. 외부 압박으로 심장의 수축과 이완이 반복된다. 혈압이 60/17까지 올라온다. 박정찬 씨의 부인과 아들딸, 동생이 들어와 흉부 압박으로 거칠게 들썩이는 박정찬 씨를 보고 있다. 다리가 풀린 박정찬 씨의 부인을 딸이 부축한다.

30분간 지속된 심폐 소생술은 끝이 났다. 박정찬 씨는 자정에 사망했다. 상태가 악화된 지 네 시간 만이다. 중환자실은 한바탕 전쟁이라도 치른 것 같았다. 죽음이 이겼고 의료진이 졌다. 의료진의 분위기는 침체돼 있었지만 전쟁에 지더라도 처리할 일은 남았다. 박정찬 씨의 몸에서 생명 유지 장치와 각종 수액들을 거둬 들였다. 몸에 꽂혀 있던 줄이 빠진 자리에서 체액이 주르륵 흐르자 의료진들이 그 구멍들을 봉합했다.

병원 밖은 서늘했다. 여태까지 사람이 죽는 모습은 한 번도 보지 못했고, 보고 싶지도 않았다. 온통 붉은 색인 수술 사진을 보는 것만으로도 정신적 피로가 심했다. 이국종 교수가 수술장 견학을 권한 것도 몇 차례나 거절하던 차였다. 박정찬 씨가 죽어가는 침대에서 벗어나려고 몇 번이나 발을 뗐지만 이국종 교수는 중환자실을 나가려는 나를 굳이 잡아 세웠다. 벌서듯 구석에 서 있다가 사망 선고가 내려진 뒤에야 비로소 중환자실을 나갈 수 있었다. 나는 누워 있던 망인의 코에서 묽은 핏물이 천천히 흘러 귀로 들어가는 모습을 머릿속에서 지우기 어려웠다.

대학생 세 명이 아주대학교 교정을 웃으며 지나갔다. 이국종 교수는 말했다. "그 사람이 죽어도 바뀌는 건 하나도 없어요. 아무도 모르지. 누가 죽든지 말든지." 화가 난 목소리다. 분노의 대상은 정부다.

외상센터를 만들어 준다고 지난 10년 동안 약속을 반복하고 매번 번복했다. 국회도 예외는 아니다. "대통령이든 국회의원이든, 정책하는 양반들이 와서 이렇게 죽는 걸 봐야 돼." 정책의 말단 실무자인 내게 하는 말처럼 들리진 않았다.

이국종 교수는 사망한 박정찬 씨를 만져 봤냐고 물었다. 나는 그럴 만한 틈도, 그럴 기운도 없었다고 답했다. 이국종 교수는 "죽으면 금세 차가워진다구요. 그게 참 기분이 더럽지" 하고 내뱉듯 말했다. 계속해서 격한 말투를 쏟아 내는 이국종 교수를 바라보니 찡그린 표정에서 고통이 느껴졌다. 의외였다. 십 년 넘게 수많은 외상 환자를 봐 온 그였기에 이제는 환자의 죽음에 익숙해졌을 거라고 생각해서였다. 내게 박정찬 씨의 죽음은 충격이었지 고통은 아니었다. 이국종 교수에게 어색하게라도 위로의 말을 건네며 어깨를 감싸려고 팔을 올렸더니 "센치하게 굴지 마라"는 핀잔이 돌아왔다.

나는 그 길로 집에 돌아가지만 이국종 교수는 병원에 남아야 했다. 의사로서 사망 진단서를 써야 하고, 언제 또 예고 없이 누군가가 박정찬 씨가 비운 침상을 채울지 모르기 때문이다. 한 시간 넘게 이국종 교수와 앉아 있었다. 나중에 병원 사람들에게 들은 바로는 그는 내가 돌아간 뒤에도 두 시간 넘게 교정을 배회했다고 한다.

해마다 살릴 수 있는데 죽는 환자 1만 명

의학적으로 중증 외상이란 둔상blunt trauma이나 관통상 같은 외상으로 인해 뇌, 폐, 심장, 간, 신장, 비장 등 인체 내부 주요 장기가 손상되거나 신체 부위가 광범위하게 손상되어 쇼크나 다발성 장기 기능 부전 등의 심각한 합병증을 동반해 환자의 기대 생존 확률+SRR이 일정 수준 미만인 경우를 말한다.[1] 그러나 일반인은 이런 전문적인 용어로 환자의 상태를 상상하기 쉽지 않다.

크게 다쳤다는 말은 이런 뜻이다. 머리와 팔다리는 물론 주요 장기를 감싸고 있는 뼈들이 부러졌다. 뇌에 멍이 들고 간은 여러 조각으로 깨졌으며 콩팥이 부서졌다. 신경과 혈관이 끊어지고 근육과 피부가 찢어졌다. 맥박, 호흡, 체온, 혈압과 같은 생체 징후는 정상 범위를 한참 벗어났다. 혈액이 한동안 공급되지 않아 장기와 조직이 죽기 시작한다. 그야 말로 엉망진창인 상황, 피투성이 중증 외상 환자를 직접 보면 그 사람이 다시 살아날 거라는 희망을 갖기 어렵다. 경악하고 절망할 뿐이다. 이런 상태의 환자가 다시 살아나 걸어서 퇴원을 한다면 우리는 그것을 기적이라고 부를 수밖에 없을 것이다.

그러나 그런 기적은 종종 일어난다. 제대로 치료를 받으면 비록 목발을 짚더라도 걸어서 퇴원할 수 있다. 흉터가 남더라도 다시 회사

+ SRR(survival risk ratio), 특정 진단명을 갖는 모든 환자들 가운데 생존한 환자의 비율로, 0에서 1 사이의 값으로 나타나며 중증도가 높을수록 0에 가까운 값을 가진다.[2]

에 나가 일할 수 있다. 일부 장애가 있더라도 가족 품으로 다시 돌아갈 수 있다. 제때 적절한 치료를 받는다면 많은 중증 외상 환자들이 중환자실에서 살아남아 일반 병실을 거쳐 퇴원해 외래 진료로 재활을 받을 수 있다. 기적 같은 일이 흔하게 일어난다면 그것은 더 이상 기적이 아니다. 그리고 기적이 평범한 일이 되기 위해 가장 중요한 것이 골든타임이다.

〈미국외과학회〉 외상분과위원회는 중증 외상 환자의 골든타임을 한 시간으로 규정하고 있다. 사고를 당한 외상 환자는 한 시간 안에 적절한 치료를 받아야 한다는, 외상 치료의 기본 개념이다. 골든타임은 전쟁의 산물이다. 한국전쟁과 베트남전쟁을 거치면서 미군은 한 시간 안으로 부상 병사들을 치료가 가능한 야전 막사로 옮길 경우 병사들의 생존율이 급격히 올라간다는 사실을 알게 됐다. 그래서 미국 전역 어디에서 다치든 환자들을 한 시간 안에 치료할 수 있는 시스템을 마련한 게 골든타임의 유래다. 현재 미국의 응급 의료는 82퍼센트의 외상 환자들을 한 시간 안에 이송해 치료할 수 있도록 체계화되어 있다.[3]

한국 정부도 골든타임의 중요성을 알고 있다. 보건복지부는 「2011년~2015년 응급 의료 기본 계획」에서 중증 외상 환자의 골든타임을 한 시간으로 규정했다. 그러나 국내 상황은 2차 세계대전 당시 미군보다 못하다. 이국종 교수는 방송에 나와 "사고 발생부터 치료 가능한 병원(아주대병원)으로 이송되기까지 평균 소요 시간이 네 시간이 넘는다"[4]고 지적한 바 있다.

골든타임은 환자를 한 시간 안에 병원까지 이송한다는 개념이 아니다. 구급 대원의 이송, 응급의학과의 응급처치, 영상의학과의 영상 촬영, 외과의 수술 준비에 각각 한 시간씩 쓸 수 있다고 오해하면 안 된다. 사고부터 치료가 제공될 때까지의 합이 한 시간이다. 골든타임은 의료진에게 허용된 시간이기도 하지만 환자에게는 더욱 중요한 의미가 있다. **생존과 죽음의 경계에 누워 있는 생명이 마지막으로 누릴 수 있는 권리**이기 때문이다. 하지만 우리나라 응급실에서 골든타임은 무시되고 이로 인해 막을 수 있는 죽음을 막지 못한다.

막을 수 있는 죽음을 '예방 가능 사망'이라 한다. 보건복지부는 "중증 외상 환자 전문 치료 체계의 질 수준을 대표하는 지표로서 전체 중증 외상 환자 중 부적절하거나 치료 지연 등의 원인으로 살릴 수 있었는데 사망한 경우"로 설명한다.[5] 의료계에서는 "임상적으로 밝혀진 진단과 치료에 대한 모든 정보를 가진 상태에서 **가장 적절한 시설과 인력을 갖춘 병원으로 적절한 시간에 이송되어 적절한 진단과 치료가 제공되었다면** 살았을 가능성이 있는 죽음"으로 정의하기도 한다. 예방 가능 사망을 줄이기 위해서는 골든타임이 준수돼야 한다.

물론 골든타임을 지킨다고 해서 모든 중증 외상 환자가 생존할 수 있는 것은 아니다. 중증 외상 환자의 사망 양상은 크게 3단계로 구분된다.[6] 첫 단계first peak는 즉사다. 중증 외상 사망의 50퍼센트를 차지한다. 대동맥, 척추, 심장 등에 치명적인 손상을 입어 사고 현장에서 수초에서 수분 이내에 사망한다. 주로 차에서 안전벨트를 매지 않았거나 공사 현장에서 안전모 등을 착용하지 않는 등의 이유로 손쓸 틈 없이 사망하는 경우다. 예방이 불가능한 즉각적인 죽음으로 예방 가능 사망률에는 포함되지 않는다.

두 번째 단계second peak부터가 의학적 치료로 환자의 생존이 가능해지는 단계로, 골든타임이 적용된다. 중증 외상 사망의 30퍼센트를 차지하는 이 단계에서는 신속하게 병원에 도착해 전문적인 의료진이 환자를 치료하는 것이 중요하다. 환자 이송이 지연되거나 치료가 불가능한 병원에 부적절하게 이송될 경우 환자가 사망에 이르는 경우가 있는데, 이때 사망한 경우를 예방 가능 사망으로 분류한다. 세 번째 단계third peak는 치료 중 사망이다. 중증 외상 사망의 20퍼센트를 차지하며 외상 후 수일에서 수주 이내에 패혈증이나 다발성 장기 부전 등의 합병증으로 사망한다.[7] 적절한 치료를 받는다 하더라도 치료가 늦어진 경우에 환자는 사망할 수 있다.

우리나라에서 예방 가능한 사망은 예방되지 못한다. 1997년 외상 사망 환자 131명을 조사한 결과에 따르면 예방 가능 사망률은 50.4퍼센트로 집계됐다. 살릴 수 있는 사람 가운데 절반이 죽은 셈이다. 2003년 2차 조사에서는 상황이 좀 나아져 202명을 표본으로 조사하니 39.6퍼센트가 나왔다. 2007년 3차 조사에서는 32.6퍼센트로 소폭 줄었다. 중증 외상 환자 61만 3,392명 가운데 2만 8,359명이 사망했으니 여기에 32.6퍼센트를 대입하면 9,245명이다. 연간 1만 명의

국민을 살리지 못한다는 말은 여기에서 나온 것이다. 가장 최근 조사
는 2010년에 실시됐는데, 35.2퍼센트로 오히려 2007년보다 상승했
다. 사망한 백 명 가운데 서른다섯 명은 억울한 죽음을 맞은 셈이다.

실제 예방 가능 사망률은 공식적인 수치보다 더 높다는 주장도
있다. 예방 가능 사망률은 병원별로 환자의 중증도를 판단해 그에 따
라 입력한 데이터를 수집해 파악된다. 그런데 의료 현장에서 외상 환
자의 중증도에 대한 이해가 부족한 탓에 데이터를 제대로 입력하지
못한다는 것이다. 이국종 교수는 한국이 영국의 외상 의료 체계 기준
을 채택해 데이터를 입력한다면 국내 예방 가능 사망률은 70퍼센트
정도로 치솟을 것이라고 추정했다.[8] 해마다 충분히 살 수 있었을 국민
2만 명이 허무하게 죽어가고 있다는 뜻이다.

수치를 둘러싼 이견은 있지만 정부와 의료계 모두 해마다 최소
1만 명 이상이 예방 가능한 죽음을 맞이한다는 데는 동의한다. 『한
겨레21』은 이를 베트남전쟁의 전사자 수와 비교했다.[9] 1964년부터
1973년까지 10년 동안 베트남전쟁에 참전한 한국군 전사자는 4,407
명이다. 베트남전쟁 10년 동안 사망한 군인 수의 두 배에 가까운 사
람들이 2000년대 한국 응급실에서 매년 '전사'했다는 것이다.

다른 나라와 비교해도 30퍼센트 대의 예방 가능 사망률이 얼마
나 형편없는 수치인지를 알 수 있다. OECD 주요 선진국의 예방 가능
사망률은 10퍼센트 정도로 한국의 3분의 1 수준이다. 미국 메릴랜드

(보건복지부)

미국 (메릴랜드)	미국 (몬태나)	캐나다 (몬트리올)	일본	독일
5%	15%	18%	13%	20%
싱가포르	한국 (1997)	한국 (2003)	한국 (2007)	한국 (2010)
22.4%	50.4%	39.6%	32.6%	34.9%

주가 5퍼센트로 조사 대상 지역 중 가장 낮았고, 몬태나 주는 15퍼센트, 캐나다 몬트리올은 18퍼센트, 일본 13퍼센트, 독일 20퍼센트 등이다.[10]

그런데 국내에도 중증 외상 환자의 예방 가능 사망률이 매우 낮은 병원이 있다. 이국종 교수가 있는 아주대병원 중증외상특성화센터다. 연간 500명 내외의 중증 외상 환자가 오는 이곳의 원내 예방 가능 사망률은 2퍼센트 대이다.[11] 아무리 크게 다쳤어도 이곳으로 실려오면 100명 중에 98명은 살아서 가족의 품으로 돌아갈 수 있다는 말이다. 사망하는 두 명은 대부분 다른 병원에서 며칠씩 머무르다 재이송된 경우에 해당한다.

구급차가 출동해도 갈 곳이 없다

골든타임이 허비되는 것은 이송 단계부터다. 위 그림은 외과 교과서

외상 환자의 생존 고리

에 나온 외상 환자의 생존 고리이다. 생존 고리를 보면 무엇보다 사고가 적게 일어나도록 국가적인 예방 체계를 정상 작동시키는 것이 가장 중요하고, 피치 못한 사고가 발생한 경우에는 환자를 신속하게 이송해야 한다는 것을 알 수 있다. 병원에서는 골든타임 안에 적절한 치료가 이뤄져야 하고 재활을 통해 생존 환자를 사회로 복귀시키는 것이 마지막이다. 네 개의 고리가 서로 얽혀 있는 것은 각각의 단계가 유기적으로 연계돼야 한다는 점을 강조한다.

첫 번째 고리인 예방 단계에서는 국가적인 노력이 필요하다. 교통신호 체계 개편, 교통 문화 개선, 작업환경 개선, 자살 원인 분석과 대책 마련 등이 그러한 노력에 포함된다. 또한 개인적으로도 사고를 예방하기 위한 노력이 필요한데, 작업 중에 안전 수칙을 이행하고 농기계 등을 다룰 때에는 사용법을 숙지하는 것 등이 그것이다. 예방 단계에서는 사고를 최소화하는 게 가장 중요하다. 물론 모든 사고를 예방할 수 있는 건 아니다. 때문에 중증 외상 환자의 예방 가능한 사망을 막기 위해서는 이송과 병원 단계가 특히 중요하다. 현장에서 두 번째 고리와 세 번째 고리가 따로 떨어질 경우 외상 환자의 사망률은 그만큼 증가한다.

이송 단계는 골든타임의 초읽기가 시작된다는 점에서 중요하다. 이 단계에서의 문제는 이송 지연으로 나타나는데, 주로 교통 혼잡 및 다른 운전자들의 양보 부족 탓에 발생한다고 알려져 있다. 그러나 통계를 보면 이 문제는 그렇게 심각한 수준이 아니라는 것을 알 수 있다. 소방방재청에 따르면 2010년 기준, 전체 응급 환자 가운데 구급차가 현장에 5분 이내에 출동한 비율은 52.8퍼센트였다. 도로 사정을 감안하면 매우 양호한 수준이다. 운전자의 양보 문제는 앞으로 사정이 더 나아질 것으로 보인다. 소방방재청은 2011년 12월 19일 개정된 "도로교통법"에 따라 구급차에 단속용 카메라를 설치했다. 긴급 자동차의 진로를 방해한 차량에 과태료를 부과하겠다는 것이다. 도로에서 구급대에 양보의 의무를 다 하지 않은 경우, 승용차는 5만 원, 승합차는 6만 원의 과태료를 물어야 한다. 운전자에게 돌아오는 불이익이 홍보되어 제도가 정착되면 구급대의 환자 이송 환경은 더욱 나아질 것이다.

구급대의 미숙으로 이송 지연이 발생하기도 한다. 구급대가 중증도를 잘못 분류하는 경우다. 환자를 치료할 수 있는 병원이 아니라 그저 가까운 병원으로 이송하는 경우 재이송이 발생하고 그로 인해 총 이송 시간이 길어지는 것이다. 상당수 구급대가 최초 병원을 선정할 때 이러한 오류를 범하는데 그 비율은 50퍼센트나 된다. 그만큼 환자의 상태를 적극적으로 평가하지 않았거나 정확하게 평가하지 못했다는 것이다.[12] 서울에 사는 40대 남성 A씨는 대동맥 판막 수술을 받은 적이 있는 환자로 갑작스러운 가슴 통증과 호흡곤란이 왔다. 환자는 자신이 수술을 받은 병원으로 이송해 주기를 원했다. 하지만 구급대원은 인근 작은 병원으로 환자를 유도했다. 이러한 경우 아무리 이송 시간을 단축해 봐야 인근 병원에서는 수술 기록과 환자의 상태를 확인하기 어려워 시간이 더 지체될 수 있다.

반대로 보호자 등이 잘못된 병원으로 이송해 주기를 요구하거나 무작정 가까운 병원으로 가자고 요구해 이송이 지연되는 일도 많다. 보호자의 잘못된 요구대로 도착한 병원에 수술실이 꽉 차 있거나 즉시 수술할 수 있는 의사가 없거나 중환자실에 자리가 없는 경우도 많다. 이 밖에 환자를 분배하는 역할을 하는 1339 응급의료전문센터 이하 1339. 2012년 6월부터 119로 통합가 병원을 잘못 배정하는 경우에도 이송 지연은 발생할 수 있다.

보건복지부의 통계는 중증 외상 환자 이송 문제의 실태를 더 잘 보여 준다. 「2011년 중앙응급의료센터 통계 연보」에서는 2011년 한 해 동안 발생한 중증 외상 환자 가운데 응급실에 도착하기까지 걸린 시간이 한 시간 미만인 경우를 34퍼센트로 집계했다. 전체 중증 외상 환자 3만 989명 가운데 1만 492명이다. 골든타임은 앞서 말한 것처럼 환자가 병원에 도착하기까지의 소요 시간을 가리키는 말이 아니라 환자가 적절한 처치를 받는 시점까지 걸리는 시간인데, 66퍼센트의 환자들이 길 위에서 골든타임을 흘려보낸 것이다. 세 시간 이상 소요되는 경우가 43퍼센트(1만 3,205명)였다. 같은 자료에서 중증 외상 환자 3만 989명 가운데 3분의 1 이상인 1만 1,777명이 다른 병원에서 전원되어 왔다는 점을 감안하면 실제 더 많은 환자들이 골든타임을 훨씬 넘겨 치료 가능한 병원으로 이송된다는 것을 알 수 있다. 이 경우 이송 지연으로 인해 예방 가능 사망률은 더 높아진다.

사실 가장 큰 문제는 중증 외상 환자를 받아줄 병원이 없다는 것이다. 이 문제에 비하면 도로의 혼잡, 운전자의 양보, 구급대의 환자 분류 등의 문제는 부차적인 것에 불과하다. 병원이 환자를 기피한다는 게 중증 외상 환자의 이송 지연이 발생하는 가장 큰 원인이다. 기피하는 것은 거부하는 것과 다르다. 응급 환자에 대한 진료 거부는 불법이기 때문에 병원은 구급대가 응급실에 내려놓은 환자의 치료를 **거부할 수 없다**. 대신 별다른 치료도 없이 다른 병원으로 쫓아내는 방식으로 중증 외상 환자는 **기피된다**. 김우수 씨의 사례가 전형적이다. 삼성서울병원만 그런 것이 아니다. 우리나라 최고 병원으로 손꼽히는 서울대병원은 최근까지 중증 외상 환자를 거의 받지 않았다. 서울대병원에서 외과 수련을 거친 한 의사는 내게 "레지던트 생활 4년간 외상 환자를 본 것이 다섯 번에 불과하다"고 말했다.

나름의 사정은 있다. 서울대병원의 응급실은 대개 만원이다. 전국에서 서울대병원 응급실로 환자가 몰려든다. 병상은 부족하고 응급실은 환자들로 복도까지 가득 차 있다. 이런 점을 알기 때문에 119 구급대는 아예 중증 외상 환자를 서울대병원에 보내지 않고 문의조차 하지 않는다. 병상이 없다는 답이 돌아온다는 것을 경험으로 알고 있기 때문이다. 일종의 관행처럼 중증 외상 환자는 서울대병원으로 이송되지 않는다.

바쁜 응급실 사정이야 그렇다 하더라도 서울대병원이 외상 환자를 치료하겠다는 의지가 부족한 것도 사실이다. 서울대병원은 2011년 작은 규모나마 외상 치료 체계를 갖추었다. 외상 치료를 할 수 있는 의사들로 당직 체계도 만들었다. 복수의 공무원에 따르면 '아덴만 여명' 사건 이후 중증외상센터의 중요성을 알게 된 이명박 전 대통령이 "내가 다쳐도 수원(아주대병원)까지 가야 하나?" 하고 말했다고 한다. 결국 보건복지부와 서울대병원이 대통령의 지시에 따라 후속 조치를 취한 셈이다. 자발적이지 않은 땜질 조치인 탓에 진료 실적은 부실할 수밖에 없다. 2011년 6월부터 12월까지 7개월간 진료한 환자는 105명에 불과하다. 이틀에 한 명 꼴이다. 이는 보건복지부가 국회에 제출한 자료인데, 이마저도 진료 실적일 뿐 수술 실적은 제출하지 않았다. 아마도 더 적을 것이다. 설립 단계부터 서울대병원에 구체적인 청사진이나 적극적인 실천 의지가 없었던 건 분명해 보인다.

서울 시내 주요 대형 병원들의 사정도 삼성서울병원, 서울대병원과 크게 다르지 않다. 또한 서울에 위치한 병원에 국한된 문제도 아니다. 전국 대부분의 지역이 중증 외상 환자를 기피한다. 결국 이송 단계에서 가장 큰 문제는 외상 환자를 실은 구급차가 갈 곳이 없다는 것이다. 대부분 이송 단계의 문제는 이 때문에 발생한다.

부도덕한 택배 사업

갈 곳이 없는 구급차는 어디로 가야 할까? 언제 숨이 멎을지 모르는 환자를 싣고 무작정 떠돌 수는 없기 때문에 대개 가까운 병원으로 간다. 여기서 말하는 가까운 병원이란 대부분이 소규모로 응급실을 운영하는 작은 병원을 말한다. 이런 곳에서는 중증 외상 환자를 치료할 수 없다. 수술할 수 없기 때문이다. 응급실 당직 의사는 있지만 외상 수술이 가능한 숙련된 외과 의사가 없다. 또한 수술은 혼자 하는 것이 아니다. 마취과 의사와 경험 많은 간호사를 포함한 수술 보조 인력이 필요하다. 즉시 사용이 가능한 빈 수술실과 수혈용 혈액 및 수술을 마친 환자를 수용할 중환자실도 있어야 한다. 중환자를 응급실 병상에 눕힌다고 해서 그곳이 중환자실이 되는 것은 아니다. 관찰용 모니터, 생명 유지 장치 등이 갖춰져야 하고, 수술 간호사와 별도로, 24시간 3교대로 중환자에게서 눈을 떼지 않는 전담 간호사도 필요하다. 이러한 인력과 시설 및 장비를 모두 갖춘다는 것은 병원 입장에서 보자면 비용이 많이 드는 부담스러운 일이다. 하지만 이 중에서 하나라도 부족하면 중증 외상 환자의 치료는 불가능하다. 작은 병원은 이러한 인

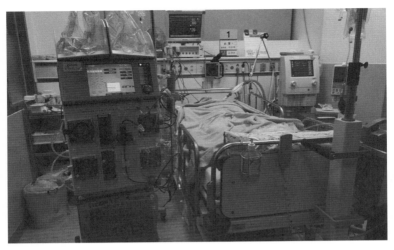

작은 병원은 환자 생존에 필수적인 각종 장비와 인력을 갖추고 있지 못하다.
사진은 아주대병원 중환자 집중 치료실 정경.

력과 시설을 감당할 수 없다.

　작은 병원이 아닌 대형 병원은 어떨까? 대부분의 큰 병원 또한 중증 외상 환자를 치료할 여건을 갖추지 못하고 있다. 우선 중증 외상 환자를 치료할 수 있는 의사가 거의 없다. 의사는 각 진료과로 나뉘고 같은 진료과 내에서도 여러 세부 전공으로 나뉘어진다. 외과도 특정 장기에 따라 전문화되어 있는 데다 대형 병원의 외과 의사 상당수는 암 치료에 특화되어 있다. 암 치료가 대형 병원의 주력 분야이기 때문이다. 급하다고 해서 암 환자를 보는 외과 의사를 불러 중증 외상 환자를 수술하게 할 수는 없다. 결국 대형 병원에 훌륭한 의사는 많지만 중증 외상 환자를 수술할 의사는 부족하다.

때문에 작은 병원이든 큰 병원이든 외상 환자를 위해 할 수 있는 일은 많지 않다. 응급처치라고 할 수 있는 지혈과 수혈을 하고, 수액을 놓고, 몇 가지 의약품을 투여하거나 영상 촬영을 하는 게 고작이다. 이때 이루어지는 검사는 수술을 위한 검사가 아니라 검사를 위한 검사, 또는 환자를 재이송하기 위한 검사다. 수술이 전제되지 않은 이러한 조치들은 무의미하다. 오히려 골든타임을 소모한다는 점에서 나쁘다고 할 수 있다. 수술이 필요한 환자가 사실상 응급실과 검사실에서 방치된다고 볼 수 있다.

아주대병원 외상외과에서는 2009년 10월부터 2010년 9월까지 1년 동안 아주대병원으로 전원된 외상 환자 가운데 최초 병원에서 시티, 엠알아이(MRI. 자기공명장치) 등의 영상 검사 없이 전원한 집단과 영상 검사 후 전원한 집단을 비교했다.[13] 이전 병원에서 영상 검사를 받은 환자들은 평균 1.86회의 검사를 받았고 그들 가운데 일부는 당장의 중증도를 판단하거나 소생술과 관련 없는 부위를 검사 받은 경우도 있었다. 두 집단 사이에 아주대병원에 도착하기까지 걸린 시간은 거의 한 시간 넘게 차이가 났다. 연구는 최초 의료 기관에서 전문적인 치료가 불가능하다고 판단한 경우에는 1차 평가와 소생술이 종료되는 즉시 환자를 치료 가능한 전문 병원으로 이송한다는 원칙을 지키는 게 환자를 한 명이라도 더 살리는 길이라고 지적한다. 질병으로 인한 다른 응급 질환이라면 환자들을 가장 가까운 병원으로 우선

이송했다가 중증도에 따라 상급 병원으로 후송하는 게 적절한 경우가 많지만, 중증 외상 환자의 경우에는 치료 능력을 갖춘 적절한 병원으로 먼저 이송하는 게 중요하다.

보건복지부는 2010년, 「2011년~2015년 응급 의료 기본 계획」을 발표하며 119 구급대의 부적절한 병원 선정이 4회 중 3회나 된다고 밝혔다. 구급대만의 책임은 아니다. 보건복지부는 응급 진료가 가능한 기관을 정확하게 판단할 실시간 정보가 부족한 것을 주원인으로 지목했다. 119 구급대가 늦게 출동하거나, 잘못된 환자 분류를 하거나, 차량 혼잡 등으로 이송 시간이 지연되는 것은 부차적인 원인에 불과하다는 것이다. 최초 이송을 잘못해 다른 병원으로 재이송되는 중증 외상 환자는 전체 재이송 환자의 28퍼센트나 된다. 중증 외상 환자가 재이송될 경우 사망할 확률은 4배 증가한다.[14] 최초 이송과 재이송에 따른 구급차 이동 시간과 최초 병원의 응급실에서 처치하는 시간까지, 환자의 생존에 필요한 아까운 시간들이 무의미하게 흘러가기 때문이다.

삼성서울병원에서 쫓겨난 김우수 씨는 택배 물품과 같이 취급됐다. 택배가 이곳저곳 옮겨지듯 그렇게 이 병원 저 병원으로 던져진 것이다. 재이송을 거치며 환자의 권리인 골든타임은 무시됐다. 서울에는 재이송되는 중증 외상 환자들을 특히 많이 받는 병원이 세 곳 있다. 그러나 이 병원들의 의료 환경과 실력은 중증 외상 환자를 치료하기엔 턱없이 부족하다. 치료받기 위해 그 병원으로 옮겨진 게 아니라는 말이다. **이들 병원은 부도덕한 택배 사업의 종착지인 셈이다.** 그리고 **나머지 병원들은 공범이다.** 수취인 불명의 환자는 오늘도 전국에서 배달되며 길바닥에서 죽어간다.

안타까운 죽음은 민간에서만 일어나지 않는다. 해병대에서 일어난 총기 난사 사건은 이송 지연을 포함해 국방부 환자 관리 시스템의 문제를 그대로 보여 주었다. 사건은 2011년 7월, 인천 강화군 해병대 2사단의 김모 상병이 해안 초소 생활관에서 총기를 난사하며 시작됐다. 부대원 네 명이 숨지고 두 명이 부상당했다. 피해자 가운데 21세 박모 상병은 총격 이후에도 생존했으나 헬기로 재이송되는 과정에서 사망했다.

국방부에 따르면 총기 난사 사건은 오전 11시 50분경 발생했다.[15] 총상을 입은 박 상병은 해당 부대의 초동 대처가 미흡했던 탓인지 곧바로 병원에 가지 못했다. 박 상병이 병원으로 실려간 것은 오후 1시 5분이었다. 사건 발생 후 1시간 넘게 출혈이 계속됐으나 방치되다시피 하다가 골든타임을 넘겨 가까운 강화병원으로 이송됐다. 강화병원은 중증 외상 환자를 치료할 수 없는 작은 병원이다. 160병상 규모의 병원인 이곳에는 총상을 수술할 숙련된 외과 의사가 없고 중환자실도 없었다. 출혈이 있는데도 수혈 여부마저 불분명했다. 수술이 가능한 큰 병원으로 옮겨야 했다.

사고 후 두 시간이 지난 오후 2시 25분, 박 상병은 헬기를 타고 응급 수술이 가능한 국군수도병원으로 재이송됐다. 그 두 시간 동안 박 상병은 사실상 어떠한 치료도 받지 못했다. 박 상병이 국군수도병원에 도착한 시간은 오후 2시 52분, 이미 회복하기 어려운 상태에 들어섰다. 결국 사건 발생 3시간이 지난 오후 3시 15분에 변변한 치료 한 번 받지 못하고 사망했다. "나는 총알을 여섯 발이나 맞았는데도 살았다. 해병대 대원은 고작 한 발을 맞았지만 사망했다. 왜 죽었는가? 빠른 이송이 없었기 때문이다. 우리의 의료 체계가 잘못된 것이다." '아덴만의 영웅' 석해균 선장의 말을 귀담아 들을 필요가 있다.[16]

그렇다면 국군수도병원으로 재빨리 이송됐다면 박 상병은 살 수 있었을까? 확신하기 어렵다. 국군수도병원에는 좋은 시설과 장비는 있을지 몰라도 정작 의사가 없었다. 군의관이야 많지만 총상 환자 수술을 집도할 외상외과 의사가 없었던 것이다. 『조선일보』는 박 상병이 한 시간 안에 국군수도병원에 도착하고, 그 시간에 이국종 교수 같은 중증 외상 전문의가 국군수도병원으로 달려와 그를 맞이했다면 박 상병이 소생할 수 있었을 거라고 했다.[17]

박 상병의 사망 이후에도 군 응급 의료 체계는 크게 반성하는 모습을 보이지 않았다. 같은 해 11월에는 특전 교육을 받던 스물두 살의 하사가 패러글라이딩 훈련 중 추락했다. 그는 곧 국군수도병원으로 이송됐다. 그가 인터넷 게시판에 쓴 글을 보면 부적절하고 무능력한 군 의료 체계 문제의 심각성을 알 수 있다. 의료사고 여부는 전문가들의 판단이 필요하겠지만, 군 병원이 불필요한 다리 절단 수술을 권한 것은 분명해 보인다.

> 안녕하세요. 도저히 납득이 안 가서 이렇게 글을 올려 봅니다.
> (…) 어느 날 수술실에서 전기 같은 걸로 다리 부분을 그어서 나쁜 균을 죽이는데 제가 기절을 했습니다. 그리고 눈을 떠 보니 다시 중환자실이고 의사 선생님은 자기는 다리 절단 아니면 못 한다는 듯이 말씀하시는 게 들렸습니다. 다른 병원 알아본 곳이 있으면 그쪽으로 가라고 합니다. 아버지랑 대대장님이 알아봐서 수원 아주대병원으로 옮기게 되었습니다.
> 헬기를 타고 도착하자마자 응급소생실로 갔는데 이렇게 치료하는 게 어디 있냐고 상처를 봉합부터 다시 해야겠다고 합니다. 그러고 나서 아직 수술할 컨디션이 아니기에 컨디션 좋아지면 수술을 하겠다고 해서 다리 수술을 했습니다. 이제 재활 치료를 하려는데 목 수술, 허리 수술이 잘못 되어 있다고 하는 겁니다. 그리고 오래 누워 있다 보니 엉덩이 쪽에 욕창도 생겼고요. 그래서 욕창 수술, 허리 수술, 목 수술 다시 했습니다. 이렇게 다 했는데도 저는 움직일 수 없습니다. 신경이 다쳐서 손가락도 못 쓰고 가슴 밑으로는 감각이 없습니다. 아직도 병원에 누워 혼자서 밥도 못 먹고 옆으로 누워서 손가락 마디로 터치폰을 눌러 글을 쓰고 있습니다. 너무 답답해서 글 한번 올려봅니다.

2011년 10월에는 스무 살의 하사 한 명이 총기 오발 사고를 당했다. 젊은 하사는 곧바로 아주대병원으로 이송됐다. 그는 이국종 교수에게 치료를 받고 40일 만에 퇴원했다. 특히 군은 헬기를 통한 환자 이송에서 강점을 가진다. 군이 환자를 치료할 자신이 없다면 차라리 그 헬기를 이용해 환자를 제대로 된 민간 병원으로 이송하는 편이 나아 보인다.

"오늘 살아 있어야 내일도 있습니다."

한국 중증 외상 의료 체계의 현실을 적나라하게 보여 준 드라마 〈골든타임〉에서 외상외과를 책임지던 최인혁 과장이 늘 입에 달고 다니던 대사다. 당연한 말이지만 외상 의료가 천대받고 외상 환자가 괄시받는 한국의 의료 현실에서는 큰 울림을 갖는다. 중증 외상 환자는 삶과 죽음의 경계에 가장 가까이 다가가 있는 사람들이다. 그리고 골든타임은 생사의 경계에 선 이들을 삶 쪽으로 끌어당기기 위해 지켜야 할 가장 기본적인 원칙이다. 하지만 작은 병원, 큰 병원 할 것 없이, 민간에서도, 군에서도 이 원칙이 헌신짝 취급을 당하는 게 우리 현실이다. 가장 큰 문제는 외상 환자를 치료할 능력과 의지를 가진 병원이 없다는 것이고, 그로 인해 환자들이 이곳저곳으로 떠 넘겨지거나 병상에서 속수무책으로 죽기만을 기다리고 있다는 것이다. 이국종 교수는 한 방송사와의 인터뷰에서 "적어도 죽게는 하지 말아야 하잖아요. 그냥 길에서 치료 못 받은 채 죽게는 해선 안 되는 거잖아요"[18]라고 우리 중증 외상 의료 체계의 암담한 현실을 대변했다. 다소 격앙된 목소리로 흘러나온 이국종 교수의 말은 자기 자신에게 하는 다짐 같기도 하고 질문처럼 들리기도 했다. 질문이라면 누구를 향한 질문일까? 이국종 교수 말마따나 정책하는 양반이든 환자를 떠넘기는 병원이든, 누군가는 이 질문에 답해야 한다.

대기는 3시간, 진료는 3분

환자들이 응급실을 이용하는 데 가장 크게 느끼는 불편은 긴 대기 시간이다. 마음이 급한 환자가 응급실을 둘러 보면 의사들 가운데 수다를 떨거나 컴퓨터 화면을 보고 있는 사람도 있다. 간호사도 일하는 사람은 적고 자리에 앉아 잡담이나 나누는 것 같다. 일손이 부족한 것도 아닌데 괜히 기다리게 한다는 생각이 든다. 빨리 진찰을 받고 집에 가고 싶은데 지나가는 간호사에게 언제까지 기다려야 하냐고 물어도 담당 의사를 호출했다고 답하기만 할 뿐 의사는 올 생각도 않는다. 부당한 대우를 받는 것 같아 기분이 나쁘고 자연스레 얼굴이 굳어진다.

당직 의사는 슈퍼맨이 아니다

응급실 간호사들이 환자에게 정확한 진료 대기 시간을 알려 주지 못하는 것은 그들이 정말 모르기 때문인 경우가 많다. 응급실에 있는 의사는 모든 환자를 치료할 수 없다. 응급실에는 여러 진료과 의사들이 있는데 같은 가운을 입었다고 해서 뇌졸중 환자를 소아청소년과 의사가 진료할 수는 없다. 정형외과나 흉부외과 의사가 감기 환자를 진료하지도 않는다. 또한 당직 전공의들은 응급실에서만 대기하는 것이 아니다. 이들은 입원 환자의 주치의이기도 하다. 맡고 있는 중환자실 입원 환자의 상태가 갑자기 나빠진다면 이들은 더 응급한 환자의 치료를 우선한다. 응급실에서 호출한다 하더라도 언제 내려올 수 있을지 의사 본인도 답하기 어려울 때가 있는 것이다.

그러나 이러한 사정을 알 길 없는 환자는 오랜 시간 대기실에서 기다리다 보면 불만과 오해가 쌓인다. 한 시간을 기다려 담당 의사를 만난다 해도 속 시원한 느낌을 받지 못할 때가 많다. 몇 가지 검사를 해보고 그 다음에 얘기하자고 한다. 의사 정도 됐으면 딱 보고 뭐가 문제인지 알아낼 수 있을 것 같은데 영 미적거리는 것만 같다. 이래서 병원에 아는 사람 한 명쯤 있어야 한다는 말도 생각난다. 특히 아이를 데려온 부모들은 격한 반응을 보일 때가 많다. 아이도 울고 마음은 급하다.

덜 아픈 사람은 알아서 나가라고?

응급실의 대기 시간은 환자 수와 밀접한 관련이 있다. 40개 병상을 갖춘 응급실에 100명의 환자가 몰린다면 응급실은 과부하가 걸린다. 간이 병상이 놓이고 병원 복도까지 환자로 북새통을 이룬다. 배탈과 고열 환자 등의 경증 환자가 뇌졸중, 뇌출혈, 복막염 등 응급 환자와 섞이고, 피 투성이가 된 교통사고 환자와 (대형 병원의 경우) 지방에서 올라온 암 환자가 뒤섞인다. 응급 환자는 응급 환자대로 치료가 늦어지고, 비응급 환자의 대기 시간도 길어진다. 서울의 한 대학 병원은 주말에 300여 명의 환자가 몰리고, 명절 때는 그 두 배가 된다.

　　병원과 의료계는 응급실 과밀화의 책임을 경증 환자에게 돌리는 경향이 있다. 실제 응급실에서 경증 환자에게 해 줄 것이 없으니 돌아가라는 말을 하기도 한다. 하지만 비응급 환자라고 해서 아프지 않은 것은 아니다. 우리 속담에도 '남의 중병이 내 고뿔만 못하다'라는 말이 있다. 더욱이 주말과 야간에는 약국도 문을 닫는다. 진료가 가능한 병원도 거의 없다. 비응급 환자들이 응급실에 오는 것은 잘못이 아니다. 가벼운 질병이라고 밤새 앓다가 다음 날 외래로 병원에 오도록 하는 것 또한 적절한 의료 서비스는 아니다.

환자의 분산 수용이 답이다

다양한 환자들의 불편을 해소하고 대기 시간을 줄이기 위해서는 응급실을 환자에 따라 여러 개로 나눠야 한다. 응급실 환자 가운데 소아 환자는 평균 응급실 내원 환자의 4분의 1 수준이다. 되도록 소아 응급실을 만들어 환자를 분산해 수용해야 한다. 특히 아이의 부모들은 소아 응급실이 있다는 것만으로 응급실 서비스에 만족하는 경우가 많다. 아울러 경증 환자 응급실도 별도로 운영하는 것이 바람직하다. 보건복지부는 경증 환자 응급실 사업을 추진했지만 예산 문제로 포기한 상태이다. 만일 정부의 지원이 더해져 응급실 환자의 절반이 넘는 경증 환자를 별도로 진료한다면 대기 시간도 줄고 응급 환자에 더 발 빠르게 대응할 수 있을 것이다.

효과는 분명히 나타난다. 소아 전용 응급실 사업에 참여하고 있는 이화여대 부속 목동병원의 경우 많은 것이 달라졌다. 특히 의료의 질이 높아지고 환자와 보호자의 만족도가 올라갔다. 목동병원의 소아청소년과 김경효 과장은 "정부가 추진하는 사업에 참여하기 위해 병원도 많은 준비를 했다. 공간을 넓히고 장비를 구비했다. 소아 전용 응급실을 전담하는 조교수를 두 명 채용해 인력도 보강했다"고 말한다. 정부 예산을 지원받아 의료의 질을 높일 수 있는 계기가 마련된 것이다. 그 결과 소아 환자 평균 재실 시간도 132분에서 60분 이하로 줄었고, 응급실 관련 민원도 대폭 줄어들었다고 한다.

소아 응급실 사업이든 경증 환자 응급실 사업이든, 병원의 자발적인 참여를 기대하기 힘든 영역에서는 국민 편익을 증진시키기 위해 정부가 나서야 한다. 응급실 과밀화를 경증 환자 탓으로 돌리고 말 게 아니라 환자들을 특성에 맞게 분산 수용할 수 있도록 응급 의료 체계를 세분화할 필요가 있다.

3장

응급실에 깔린
사람들

중증 외상 환자가 대학 병원에 실려 왔다. 뇌출혈, 간 파열, 신장 파열, 폐출혈, 골반골 골절, 다발성 악안면 골절, 다발성 하지 골절, 손의 힘줄과 인대 손상 등의 진단을 받았다. 이 환자에게 필요한 세부 진료과를 모두 나열해 보면 끝이 없다. 뇌종양 신경외과, 척추 신경외과, 심장 흉부외과, 혈관 외과, 흉곽 흉부외과, 슬관절 외과, 상부위장관 외과, 하부위장관 외과, 간 외과, 이식 외과, 수부 정형외과, 발목 정형외과, 족부 정형외과, 고관절 정형외과, 남성 비뇨기과, 사시 안과, 미용 성형외과 등이다.

응급실 의사는 누구를 호출해야 할까? 응급실에는 수련의(인턴)가 자리를 지키고 있을 때가 많다. 수련의는 국가가 발급한 면허를 보유한 정식 의사이지만 아직 임상 경험이 풍부하진 않다. '수련'이라는 말 뜻 그대로 배우는 단계에 있기 때문에 중증 외상 환자를 많이 접해 보지 않았을 가능성이 높다. 따라서 환자의 상태를 정확하게 판단하지 못할 때가 많다. 연차가 낮은 전공의(레지던트) 역시 마찬가지다.

당신이 응급의학과 수련의라고 생각해 보자. 느닷없이 들이닥친 외상 환자를 대체 어떻게 해야 할까? 일단 혈압을 확인한다. 위험한 수준까지 떨어진 것은 확실하지만 도무지 어느 혈관이 문제인지는 알 수가 없다. 동공 반응이 없는 것을 보면 머리 쪽도 다친 것 같다. 어느 과 전공의를 불러야 할지 판단이 서지 않는다. 그러는 사이 응급의학과 전공의가 왔다. 응급의학과는 내과 계열인 탓에 외상 환자를 혼자 치료할 수 없다. 응급의학과 전공의는 일단 모든 과를 다 불러 보기로 한다. 하지만 호출을 받은 다른 3년차 이상의 전공의들은 놀고 있지 않다. 저마다 환자를 보거나 다른 일을 하고 있다. 올 때까지 시간이 걸린다. 이 환자가 평일 낮에 사고를 당했다면 그나마 다행이다. 임상 강사(펠로우)와 교수들이 병원 내 더 많이 근무할 시간대이기 때문이다. 연차가 높은 전공의들이 환자의 상태를 보고 실력이 더 나은 자신의 지도 교수를 부를 수도 있다.

하지만 자정을 훌쩍 넘긴 시간에는 사정이 다르다. 의대 교수가 새벽이나 휴일에 응급실까지 오는 경우는 특별한 경우가 아니면 없다고 봐야 한다. 그보다 새벽이나 휴일에 교수를 호출할 배짱 있는 수련의나 전공의도 거의 없다. 보고(노티, notification)가 이뤄지는 정도다. 병원에는 수련의와 전공의, 임상 강사, 교수로 이어지는 도제식 수련을 바탕으로 한 수직적이고 권위적인 조직 문화가 남아 있다. 때문에 새벽 시간에 타 진료과 교수를 응급실 전공의나 수련의가 호출한다는 것은 일반적으로 생각도 하기 어려운 일이다. 그러는 사이 환자는 죽어간다. 응급실에 깔려 있는 것이다.

불행 중 다행으로 연차가 높은 전공의들이 호출을 받아 속속 응급실로 내려온다. 이들의 얼굴은 계속된 당직으로 퉁퉁 부어 있고 갑작스런 호출에 짜증이 나 있다. 그래도 환자 앞에서는 의사로서 책임을 다한다. 저마다 소견을 내놓고 이제 질문을 던질 차례다. 주치의를 누가 맡아야 할까? 머리를 크게 다쳤으니 신경외과? 장기가 심하게 파열됐으니 위장관 외과? 뼈가 여기저기 부서졌으니 정형외과? 환자는 언제라도 사망할 수 있는 심각한 상태다. 의사 입장에서도 책임질 수 없는 환자를 무턱대고 떠맡을 수는 없다. 문제는 한 진료과가 책임지고 치료할 수 있는 환자도 아니라는 점이다. 다른 진료과가 주치의를 맡고 적당히 협조만 해 주는 것이 손쉬운 길이다. 더욱이 중증 외상 환자를 많이 경험하지 못한 전공의들이라면 이 정도 문제를 결정할 능력도 권한도 없다. 임상 강사나 교수에게 보고하기 전에는 섣부르게 환자를 맡겠다고 나설 수 없다. 환자는 '능력 밖의 문제'가 되고 전공의들은 능력 안의 일들만 처리한 뒤 자리를 뜬다.

이 와중에도 환자는 계속 응급실에 깔려 있다. 골든타임은 전공의들이 도착한 시점에 이미 훌쩍 지나가 버렸다. 당신의 속은 바싹바싹 타오른다. 결국 응급의학과 선임 전공의가 타 병원으로 전원시키기로 결정한다. 환자를 받아 줄 병원을 찾기 위해 여기저기 전화를 해 보지만 쉽게 나타나지 않는다. 구급차가 도착하고 환자를 응급차에 싣는 모습을 지켜본다. 응급 환자를 전원할 때는 의사가 응급차에 동 승하지 않으면 불법이기 때문에 수련의인 당신이 구급차에 탄다. 구 급차 안에서 환자가 회복할 수 없는 상태에 빠져드는 게 빤히 보이지 만 당신이 할 수 있는 일은 없다.

당신은 잘못하지 않았다. 당신에게 일부 책임이 있을 수 있다고 해도 그것은 아주 미미하다. 그렇다면 전공의나 임상 강사의 책임일 까? 그들도 자기가 가진 능력과 권한 안에서 정해진 규정과 관례에 따라 행동했을 뿐이다. 교수들이 있었다고 해도 크게 달라지지 않았 을 것이다. 국내에서 중증 외상 환자를 제대로 수술할 수 있는 외과 의사는 매우 드물다. 병원 입장에서는 환자를 내보낸 것이 다행이다. 그 환자를 맡았다면 적자를 볼 뻔했다. 빠져나갈 구멍도 있다. 다른 병원도 다를 바 없이 대처하기 때문이다.

다른 병원에 보내지 않는다고 해서 환자를 응급실에 깔아 놓는 게 답이 될 수는 없다. '**깔아 놓는다**'는 말은 일부 병원에서 사용하는 은어로 치료를 하지 않고 환자를 방치한다는 뜻이다. 이를 테면 생명 유지 장치를 달아 놓은 채 이런저런 검사를 하다가 소극적인 치료만 하는 것도 깔아 놓는 것이다. 응급실에 깔려 있다고 표현되기도 한다. 병원들을 전전하다가 더 이상 갈 곳이 없어진 환자들은 그렇게 병원 응급실에 깔려 있다. 중증 외상 환자가 응급실에 깔려 있는 이유는 크게 세 가지다. 첫째 의사가 부족하고, 둘째 책임이 불명확하다. 마지막으로 병원에 재정적인 부담이 된다. 각각의 이유는 명확하게 구분되지 않고 얽혀 있기도 하다.

의사가 없다

우선, 의사가 부족하다. 정확하게는 중증 외상 환자를 치료할 수 있는 외상외과 의사가 국내에 절대적으로 부족하다. 외상 환자만을 전담하는 외상외과 전문의는 2010년 기준 전국에 네다섯 명 정도가 고작이다.[1] 심지어 한 대학 병원 교수는 단 한 명을 제외하고는 외상외과 전문의라 부를 수 있는 사람이 없다고 단언한다.[2] 사실 우리나라엔 외상외과 전문의라는 표현 자체가 없다. 전문의 자격을 받기 위해서는 정부가 정하는 진료과에서 수련을 거쳐야 하는데 대통령령인 "전문의의 수련 및 자격 인정 등에 관한 규정"에서는 내과와 외과 등 26개 진료과를 전문의의 전문 과목으로 한정하고 있다. 외상외과는 여기에 포함되지 않는다. 외상외과는 신경외과나 정형외과와 같이 정식 진료과가 아닌 것이다. 외상외과 전문의를 육성하겠다는 정부의 의지가 부족하다고 할 수 있다.

정식 진료 과목도 아니고 전문가도 부족하기 때문에 의료계 안에서도 외상외과에 대한 인식이 낮을 수밖에 없다. 자연히 대부분의 젊은 의사들은 외상외과를 고려조차 하지 않는다. 물론 전문가나 지원자가 아예 없는 것은 아니다. 비록 그 수가 적긴 해도 고되고 외로운 분야에서 사명감으로 일하는 사람은 어느 직종에나 있기 마련이다. 그런데 병원에서 이런 사람들은 오래 버티지 못한다. 때로는 사명감으로 일하는 사람을 병원이 이용만 하고 버리는 일도 있다.

강남세브란스병원은 한때 외상을 전담하는 전문의를 채용했다. 88올림픽을 치른 뒤 외국인과 전문가 들이 응급 의료 체계 구축의 필요성을 지적했고, 1994년 "응급의료에관한법률" 제정을 거쳐 2000년 전면 개정이 이뤄졌다. 이때 강남세브란스병원은 광주의 조선대병원과 함께 전국에서 단 두 곳뿐인 외상전문응급의료센터로 선정됐다. 하지만 당시 채용된 젊은 외상 전문의는 2년 만에 쫓겨나다시피 용인세브란스병원으로 발령을 받았다.

강남세브란스병원은 당시 기준에 따라 외상 환자만을 위한 환자 분류소 한 곳과 소생실 두 곳, 수술실 한 곳 등을 갖췄다. 현재 강남세브란스병원의 병상수는 중환자실 56병상, 응급실 31병상, 수술실 18개를 갖춘 상급 종합병원이다. 반면 종합병원급인 용인세브란스병원은 현재 중환자실 4병상, 응급실 11병상, 수술실 2개를 갖춘 작은 병원이다. 전용 수술실도 없고 중환자실도 네 개밖에 없는 작은 병원으로 외상외과 의사를 인사 발령한 것은 더 이상 수술을 하지 말라는 뜻이자 외과 의사의 자존심을 짓밟는 행위다. 수술은 그만 두고 감기 환자에게 약이나 처방하라는 말과 다를 바 없기 때문이다. 이런 선배의 결말 앞에서 어떤 젊은 의사가 외상 의료의 길을 걸으려 할까? 2012

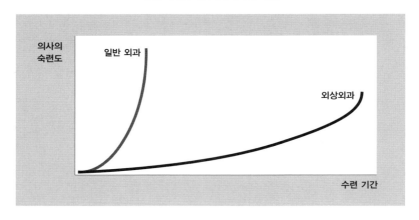

일반 외과와 외상외과의 러닝 커브

의사의
숙련도

일반 외과

외상외과

수련 기간

년 8월, 강남세브란스병원은 보건복지부의 응급 의료 기관 평가에서 낙제점을 받아 외상전문응급의료센터 자격을 상실했다.

　실력 있는 외상외과 전문의를 키워 내는 것은 파일럿을 양성하는 것만큼 어렵다. 다른 외과 계열 전문의와 비교해도 더 많은 시간이 필요하다. 위의 그림은 외상외과 의사와 일반 외과 의사의 수련 기간 및 숙련도를 비교한 도표(러닝 커브)다. 대개 한두 가지 세부 전공을 선택해 특정 수술에 집중하는 외과 전문의는 가로축인 수련 기간이 늘어날수록 세로축인 의사의 숙련도가 비약적으로 상승한다. 하지만 외상외과 의사의 숙련도는 타과 전문의에 비해 완만하게 향상되는 특징이 있다.

　이 차이는 신체 여러 곳을 다치는 중증 외상 환자의 속성 때문에 발생한다. 가령 맹장 수술만 백 번 한 의사와 다른 장기까지 포함한 수술을 백 번 한 의사를 비교한다면, 맹장 수술에 있어서는 전자가 월등히 앞설 수밖에 없다. 중증 외상 분야는 배워야 할 범위 자체가 방대하다. 제대로 된 외상외과 의사가 되려면 복부와 흉부의 장기에 대한 충분한 수술 경험을 쌓아야 한다. 수술실 안에서의 임상 경험이 중요한 만큼 숙련된 선배 의사의 수술을 참관하고 보조하며 실력을 쌓을 충분한 기회를 갖는 것 또한 필수적이다. 그러나 우리나라에서는 가르쳐 주는 선배도, 배우려는 후배도 거의 찾을 수 없다.

중증 외상 분야에 전문의가 부족한 문제는 종종 의료사고로 이어진다. 경기도에 사는 여대생인 신나영(가명) 씨는 2012년 3월 27일 승용차 조수석에 앉아 있다 교통사고를 당했다. 그날따라 학교 버스를 놓쳐 친구 차로 등교하던 길이었다. 신나영 씨는 곧장 80병상 규모의 병원급 의료 기관으로 이송됐다. 수술실이 하나, 응급실 병상이 열 개밖에 없는 작은 병원이지만, 대형 병원의 이름을 쓰는 분원이기 때문에 지역에서는 나름 큰 병원으로 인정받고 있었다. 다만 중환자실은 없었다.

겉으로는 출혈이 없었지만 신나영 씨는 크게 다쳤다. 두개골 및 안면골 골절, 경막상 출혈, 외상성 두개 내출혈, 비장 손상 등, 진단 목록만으로도 중증 외상으로 분류돼야 하는 게 확실했다. 신나영 씨를 담당했던 신경외과 전문의는 바륨이라는 진정제를 투여했다. 바륨은 보통 자신이나 타인을 해할 우려가 있는 정신과 환자를 진정시킬 때 쓰거나 뇌 병변으로 인한 전신 경련을 멈추기 위해 사용하는 약물이다. 환자가 스스로 호흡할 수 있는 능력이 저하될 수 있으므로 바륨을 투여한 후에는 산소를 투여하거나 기도 삽관 등이 필요한 상황이 발생할 수 있다. 신나영 씨는 약물 투여 후 호흡이 어려워져 혈중 산소포화도, 즉 혈액 속 산소량이 떨어졌다. 필요가 명확하지 않은 약 처방으로 상태가 더 나빠진 것이다. 그나마 다행인 것은 병원이 더 이상 처리할 자신이 없었는지 신나영 씨를 사고 두 시간 만에 아주대병원으로 전원시킨 것이다. 전원하지 않고 처음 병원에 그대로 머물렀다면 신나영 씨는 생명이 위태로워졌거나 최소한 뇌에 심각한 장애가 왔을 것이다.

이국종 교수를 보기 위해 아주대 외래 진료실 앞에서 기다리고 있을 때 신나영 씨를 만났다. 당시 신나영 씨는 여러 차례 고비를 넘기고 중환자실을 거쳐 일반 병동에 입원한 상태였다. 신나영 씨의 어머니는 나와 대화를 나누다가 딸이 퇴원을 앞두고 있다며 행복한 표정을 지었다. 신나영 씨의 집안 사정은 좋지 않았다. 아버지는 편의점과 횟집을 하는데 장사가 잘 되지 않아 가게를 정리하는 중이라고 했다. 어려운 집안 살림에 힘을 보태려고 신나영 씨는 4년제 대학 진학을 포기하고 전문대학을 택했다. 방학 때 스키장에서 일하기도 하고 서빙 아르바이트도 가리지 않았다. 신나영 씨의 어머니는 레스토랑 사장이 "따님이 일을 야무지게 한다"고 칭찬하더란 말을 보탰다. 머리 수술의 단기 후유증으로 긴 말은 잘 하지 못했지만 신나영 씨는 그런 어머니를 보며 옆에서 방긋방긋 웃고 있었다.

사고 뒤로 1년이 지났다. 신나영 씨는 요새 예전처럼 친구들과 만나 수다도 떨고 남자 친구도 생겼다. 예전에는 수술 때문에 머리를 다 깎는 바람에 중학생처럼 보였는데, 가발을 쓰니 다시 또래 여대생이 되어 있었다. 신나영 씨의 페이스북 친구로 등록된 덕에 가끔 그녀의 일상을 접하곤 하는데 그때마다 한 사람을 죽음의 문턱에서 살려낸다는 것이 어떤 의미인지를 실감한다. 중증 외상 분야에서 실력 있는 의사를 양성하는 것은 이런 의미를 갖는다.

모두의 책임은 누구의 책임도 아니다

중증 외상 환자가 응급실에 깔려 있는 두 번째 이유는 현재 응급 의료 체계에서 환자 사망에 따른 책임이 불분명하기 때문이다. 다시, 당신이 수련의라는 가정으로 돌아가 보자. 사실 이야기에 앞서 나열한 진단명은 한 중증 외상 환자가 실제로 진단받은 것이다. 이 환자는 살았다. 다른 진료과를 고민할 필요 없이 외상외과 의사가 환자의 주치의가 됐기 때문이다. 중증 외상 환자가 내원할 경우 처치와 수술에서 빠른 판단을 내려야 하지만 현재의 진료 체계에서는 누구도 책임지려하지 않고 서로에게 떠넘기는 일이 발생한다. 따라서 중증 외상 환자를 전담할 외상외과 의사의 존재는 필수적이다. 외상외과 의사는 환자를 직접 수술할지, 아니면 다른 진료과에 수술 협조를 이끌어 낼지 빠른 판단을 내려 환자의 골든타임을 지킬 수 있다. 그러나 앞서 확인한 것처럼 국내에 외상외과 의사는 손에 꼽을 만하다. 책임질 주치의의 부재는 곧바로 환자를 방치하는 원인이 된다.

외상외과가 없는 상태에서 한 진료과가 중환자실 병상이 있다는 이유로 울며 겨자 먹기로 환자를 떠안았다고 해 보자. 3년차 전공의가 주치의가 됐고 담당 교수도 정해졌다. 물론 이 과정은 단숨에 이루어지지 않는다. 주치의를 정하는 과정에서 골든타임은 훌쩍 넘어갔을 것이다. 무엇보다 주치의가 정해졌다고 해서 문제가 해결된 게 아니다. 신체 이곳저곳에 손상을 입은 중증 외상 환자는 여러 진료과가 모여 치료해야 한다. 다양한 분야의 전문가들이 모여 있는 대형 병원에서는 각 진료과의 협진이 필수적이다. 그러나 현재의 병원 체계에서 협진은 종종 환자에 대한 책임을 모호하게 하는 원인이 된다. 주치의가 결정되는 순간, 다른 진료과는 자신들이 환자의 상태에 대한 책임에서 벗어났다고 생각한다. 주치의 역시 다른 진료과와 협진해야 할 환자보다는 자신의 특진 환자에게 관심을 더 가질 수밖에 없다. 책임을 나눌수록 '자기 환자'라는 의식이 희박해지는 것이다. 이러한 협진 체계의 한계 때문에 중증 외상 환자가 최선의 치료를 받을 거라고 기대하기 어려워진다.

여기서 다시 한 번, 외상외과 전문의 필요성이 대두된다. 중증 외상에 흔한 다발성 골절 환자의 경우 진단명이 많게는 스무 개까지 붙기 때문에 타 진료과와의 협진은 필수적이다.[3] 따라서 환자에게 긴급하게 요청되는 수술과 치료를 마치고 환자를 안정시킨 뒤에도 다른 진료과의 협조를 이끌어 내는 과정이 필요하다. 환자의 처치와 관련된 전 과정을 진두지휘하는 것이 외상외과 의사의 역할이다. 해운대백병원의 박성진 교수는 외상외과 의사의 역할을 선장, 야전사령관, 교향악단의 지휘자에 빗대기도 한다.[4] 외상외과 의사란 각 과의 의료진이 입원시키기를 주저하는 환자를 1차적으로 책임지면서 환자에게 최선의 치료가 이루어지도록 각 과의 의견을 조율하고 결정하는 역할을 한다고 보기 때문이다.

사람의 생명은 모두 같은 값을 지닌다지만 죽음의 무게는 꼭 그렇지만도 않은 것이 우리의 안타까운 현실이다. 중증 외상 환자가 사망하는 경우 죽음은 워낙 느닷없이 찾아오기에 누구도 그의 죽음에 대해 이의를 제기할 수 없는 상황이 만들어진다. 한 응급의학과 교수가 **"환자들이 병원장실에 칼을 들고 올라오지 않을 정도로만 응급실을 유지한다"**[5]고 말한 적이 있는데, 이는 환자의 죽음에 최소한의 책임만 지려고 하는 병원의 태도를 요약해 보여 준다. 중증 외상 환자의 특수한 상황은 이러한 병원의 무책임을 더 강화시킨다. 환자가 대개 의식이 없는 상태이고, 환자 보호자들은 환자의 죽음을 개인적인 불행으로 받아들이는 경향이 있기 때문이다.

암과 비교하면 중증 외상은 확실히 다르다. 정신과 의사인 엘리자베스 퀴블러 로스Elizabeth Kubler Ross는 환자가 죽음을 받아들일 때 보통 '부정-분노-타협-침체-수용'이라는 다섯 단계를 거친다고 말한다. 먼저 환자는 자신에게 내려진 진단을 받아들이지 못하고 부정한다. 다른 사람이 아닌 내가 암에 걸렸다는 것을 믿지 못한다. 때문에이 병원 저 병원을 찾아다니며 검사를 반복한다. 두 번째는 '왜 하필나인가?' 하는 분노의 단계다. 그러다 죽음이라는 현실을 인정하고 받아들이는 타협의 단계를 지나 병세가 악화되어 극도의 우울한 감정에 사로잡히는 침체기에 이른다. 마지막 수용 단계에서는 죽음을 인정하고 받아들인다.

이런 과정을 겪으며 환자와 보호자는 해당 질병에 대해 고민하고 연구할 기회를 얻는다. 때로는 과잉 진료로 의심되는 사안이나 의료사고를 둘러싸고 일부 환자와 가족 들이 조직화되기도 한다. 환자들의 단체가 만들어지고 활동을 한다. 신약이 출시됐으나 정부와 국민건강보험공단이 가격이 너무 높다는 이유로 건강보험을 적용하지않으면 정부에 맞서 싸우고, 정부가 정한 가격에 불만을 품은 제약사가 공급을 거부하면 제약사에 맞서 싸우기도 한다. 〈한국백혈병환우회〉가 백혈병 치료제인 '글리벡'을 고가로 공급하기로 한 다국적 제약 회사 〈노바티스〉의 결정에 맞서 조직화한 게 대표적인 사례다. 결국 글리벡은 적절한 가격으로 조정됐다. 환자의 목소리가 의료 정책에 반영된 것이다.

반면 중증 외상 환자에게 죽음은 갑작스레 찾아온다. 보호자들은 가족의 사고와 죽음이라는 두 가지의 커다란 충격에 다른 사고를하기 어렵다. 왜 사고 지점에서 멀리 떨어진 작은 병원 병상에서 죽은 채 발견된 것인지, 사고 당시 환자의 상태가 어땠으며 환자가 사망에 이르기까지 병원이 어떤 판단을 내리고 어떤 처치를 했는지, 의료진은 일언반구하지 않을 뿐 아니라 보호자 역시 딱히 이유를 묻지 않는다. 결국 외상으로 인한 사망은 개인적 불행으로 치부되고, 잘못된 의료 체계는 변화 없이 굴러 간다. 책임은 잘게 나뉘어 모두에게 돌아간다. 모두의 책임은 누구의 책임도 아니다.

돈 안 되는 장사에는 손을 대지 않는다

대형 병원이 응급실에 환자를 깔아 두는 세 번째 이유이자 가장 큰 원인은 돈이다. 중증 외상 치료는 돈이 안 되는 장사다. 따라서 병원도 제대로 치료할 수 있는 환경을 갖추기 위해 투자하지 않는다.

짚고 넘어 가야 할 것은 병원과 의사는 다르다는 점이다. 병원과 의사를 대변하는 이익 단체가 〈대한병원협회〉와 〈대한의사협회〉로 나뉜 것만 봐도 서로의 이해가 동일하지 않다는 점을 알 수 있다. 대형 병원은 기업이자 고용인이고 의사는 노동자이자 피고용인이다. 내부에서는 병원을 '공장', 의사를 '부속품'으로 칭하기도 한다. 아래로는 수련의부터 위로는 교수까지, 직급과 연봉, 노동시간의 차이는 있지만 조직의 입장에 섣불리 반대할 수 없다는 점을 보면 같은 직장인에 불과하다.

어떤 병원은 교수에게 진료 실적을 날마다 문자로 발송한다. 하루에 얼마나 벌었는지 확인시켜 주는 것이다. 매출에 대한 압박을 느끼지 않을 수 없다. 그러다 보니 교수들이 오전 3시간 동안 환자 백 명을 보는 일도 생긴다. 소위 '빅 5병원'들은 일일 외래 진료 환자가 7천 명에서 1만 명에 이른다. 현대아산병원과 삼성서울병원은 매일 1만 명 이상의 환자가 외래 진료를 받는다. 서울대병원과 세브란스병원은 8천 명, 서울성모병원은 7천 명 수준이다.[6] 수술실을 동시에 서너 곳 씩 돌며 핵심적인 부위만 수술하는 교수도 있다.

　병원마다 정도 차이는 있지만 의사별로 진료과별로 실적은 친절하게 계속 통보된다. 공장 조회 시간에 어느 생산 라인의 실적이 좋은지 날마다 발표하는 것과 같다. 생산품을 몇 개 찍어 냈는데 불량률이 몇 퍼센트이고 매출이 얼마, 순이익이 얼마인지 수치로 압박하는 것과 다르지 않다. 결국 돈을 잘 버는 의사가 실력 있는 의사가 되고, 돈을 잘 벌지 못하거나 적자를 보는 의사는 휴지 조각 같은 신세가 된다. 물론 실적에 따라 성과급이라는 당근도 지급된다.

　서울아산병원은 '함께하는 우리 사회를 보다 건강하게, 더불어 행복하게'를 목표로 삼고 있다. 기독교 재단이 만든 세브란스병원은 '하나님의 사랑으로 고객을 섬김으로써 가장 신뢰받는 의료 기관'를 사명으로 하고 있다. 이처럼 대부분의 병원은 봉사, 건강, 행복 등을 설립 목표로 내세운다. 그러나 실제로 대형 병원들은 일반 기업과 다를 바 없이 저비용·고효율을 운영 목표로 삼는 것 같다. 의사들에게 실적 압박을 하는 것 말고도 장기 입원 환자를 꺼리는 행태가 대표적이다. 대형 병원은 더 많은 환자를 받기 위해 환자당 목표 재원 일수를 정하고, 과거에는 며칠 더 입원시켰을 환자도 조기 퇴원시킨다. 테이블 회전율이 높아야 매출이 올라가는 식당처럼 병원도 병상 회전율을 높여야 매출이 극대화되기 때문이다. 심지어 나가기 싫다는 환자를 설득해 퇴원시키는 일을 전담하는 부서가 있는 병원도 있다. 이 부서에서 하는 일이란 퇴원하는 환자를 위해 다른 병원을 소개하는 것이다.

암 치료는 대형 병원의 대표 효자 상품이다. 비급여 장사를 할 수 있기 때문이다. 건강보험 급여는 보건복지부가 가격을 결정하지만, 비급여는 병원이 마음대로 가격을 정할 수 있다. 복강경 수술에 비해 몇 배 비싼 로봇 수술 등의 신의료 기술이 가장 먼저 도입되고 권장되는 것도 이 때문이다.✚ 이러한 비급여 치료는 환자가 선택하는 방식이기 때문에 비용도 환자가 전액 부담한다. 그러나 사실상 환자에게 선택권은 없다. 환자가 비급여 치료를 선택하지 않을 경우 병원은 수술 일정을 늦게 잡아 주는 등의 방식으로 환자를 압박한다. 보통 유명한 몇몇 병원에 암 환자들이 쏠리는 경향이 있기 때문에 병원

✚ 로봇 수술은 신촌 세브란스병원이 처음 도입한 뒤 대부분의 종합병원이 경쟁적으로 도입하고 있다. 수술용 로봇의 한 대당 가격은 약 30억 원에서 40억 원에 이르고 연간 유지비용만 2억 원이 넘게 든다. 안전성이 완전히 검증되지 않은 시술법을 여러 부위와 질환에까지 확대하는 것은 신기술을 도입하고 유지하는 데 드는 비용을 보전하고 수지타산을 맞추려는 병원의 정책 때문인 경우가 많다. 심지어 로봇 수술을 하는 의사에게 인센티브를 주는 병원도 있다.[7]

입장에서는 자기 편의대로 환자의 일정을 조절하는 배짱을 부리기도 좋다. 환자 본인과 가족도 생존율을 높여 주고 좋은 예후를 보장한다는 말에 비급여 비용을 적극적으로 부담하는 편이다.

돈만 밝힌다고 비난하면 병원도 할 말이 있다. 일단 돈 쓸 곳이 많다. 큰 병원의 경우 유지만 하는 데도 고정으로 들어가는 경비가 상당하다. 병상을 더 늘리기 위해 건물을 짓고 최신 의료 기기도 정기적으로 도입하다 보면 병원 운영에 들어가는 돈은 금세 불어난다. 국내 최대 규모의 병원인 서울아산병원과 삼성서울병원은 의료진과 행정직원을 포함해 병원에서 고용하고 있는 인원만 7천 명 선이다. 부대 사업장과 입주 기업, 연구소 등에서 근무하는 인원까지 합하면 1만 명을 웃돈다.[8] 이런 규모의 조직에 적자가 누적된다면 그 여파는 병원 직원들에게 임금을 주지 못하는 상황을 넘어 모기업이나 재단 측에까지 큰 피해를 끼칠 수 있다.

매출이 줄고 결국 적자가 나면 병원 경영자와 해당 진료과의 책임자에게는 그보다 끔찍한 일이 없다. 소유주가 직접 운영하지 않는 이상 병원장, 즉 병원 경영자 역시 월급쟁이일 뿐이다. 적자를 감수하는 것은 무능력자로 찍혀 해고될 날을 기다리겠다는 것이나 마찬가지다. 정부나 국회, 또는 언론이나 국민 등이 병원 밖에서 대형 병원의 상업화에 우려의 목소리를 표하거나 의료의 공공성을 확보하고 사회적 책임을 다할 것을 요구하더라도 끝없이 이윤을 추구하게 하는 자본의 논리 앞에서 그러한 목소리들은 공허한 메아리에 그치게 된다. 자본주의 사회에서 누가 타인에게 감히 적자를 강요할 수 있겠는가?

애초에 무책임하게 병원의 규모를 키우지 않으면 될 일 아니냐고 반문할 수도 있다. 그러나 병원은 몸집 불리기를 의료 시장에서 도태하느냐 살아남느냐의 문제로 본다. 병원의 소비자인 환자들이 대형 병원을 선호하기 때문이다. 우리나라 의료 기관은 총 5만 5천여 개나 된다. 입원 환자를 위한 병상은 2010년 12월 기준, 47만 6천여 개다.[9] 인구 1천 명당 병상이 5.6개인 셈인데, OECD 평균 3.5개보다 많다. 지역별로 보면 수도권에 집중돼 있다. 서울이 25.5퍼센트, 경기도가 20퍼센트로 거의 절반가량을 차지한다. 전국의 환자는 수도권으로 몰려든다. 환자들의 수도권 과밀화 현상은 케이티엑스KTX가 개통된 뒤로 더 심해졌다. 전국이 일일생활권으로 묶이면서 전국 각지에서 환자가 몰려들기 때문에 병원의 규모를 더 키워야 하고, 병원의 병상이 늘어났기 때문에 환자를 더 유치해야 한다. 닭이 먼저인지 달걀이 먼저인지 따지는 것이 무의미하게 됐다. 결국 대형 병원은 돈 되는 환자를 유치하는 일에 집중한다. 대형 병원 응급실을 가보면 입원을 목적으로 응급실을 이용하는 환자들로 복도까지 북새통인 경우가 많다. 자연히 응급실에서 최우선 진료를 받아야 하는 응급 환자들의 자리는 부족하다.

이런 가운데 중증 외상은 병원 입장에서 손해만 보는 장사다. 먼저 중증 외상 환자는 인력과 장비가 집중 투여되는 중환자실을 오래 차지하기 때문에 병원의 병상 회전율도 그만큼 낮아진다. 또 비급여 치료를 붙이기도 마땅치 않다. 비급여 치료를 시행해도 응급 상황에서 보호자의 동의를 매번 받기 어렵기 때문에 그 비용이 대부분 병원의 손실로 남는다. 혈액 응고 및 지혈 작용을 하는 혈소판 농축액은 중증 외상 환자에게 필수적으로 사용된다. 이국종 교수가 총에 맞은 석해균 선장을 오만에서 한국으로 이송한 가장 큰 이유도 오만에 혈소판 농축액 등의 혈액 제제가 부족했기 때문이다. 건강보험심사평가원에 따르면 2010년 아주대병원 외과와 응급의학과가 청구한 혈소판 농축액 224건 중 25건이 삭감됐다. 전체의 11.2퍼센트나 되고 금액으로는 7,324만 원이다. 이 돈은 병원이 부담할 수밖에 없다. 환자를 위해 급박하게 사용한 약이라 해도 환자나 보호자의 동의 없이 처방됐기 때문이다.

중증 외상 분야에서 적자가 발생하는 가장 큰 이유는 정부가 국민건강보험 급여 기준을 잘못 정했기 때문이다. 보건복지부는 의료 행위나 약제에 대해 가이드라인인 급여 기준을 정해 놓고, 병원이 위반하는지 여부를 건강보험심사평가원이 확인하도록 한다. 한정된 국민건강보험 재정을 고려해 급여 기준을 운용하는 것은 필요한 일이지만, 중증 외상 환자처럼 특수한 고려가 필요한 상황에 대해 별도의 기준을 마련하지 않은 것은 문제이다. 또한 급여 기준 자체가 불분명해서 발생하는 문제도 있다. 신장이 고장 난 중증 외상 환자에게 신장 투석기를 사용했는데 이를 의료인이 치료의 편의를 위해 사용한 것으로 해석하여 건강보험심사평가원이 700만 원을 삭감한 경우도 있다.

실제로 중증외상특성화센터를 운영하는 아주대병원의 경우 매년 10억 원 이상 적자를 보고 있다. 이국종 교수는 "2009년 3월부터 10월까지 8개월간 열심히 수술했더니 병원 손해가 8억 7천만 원이 넘었다"고 말했다.[10] 서울대 의대 김윤 교수가 병원 37곳에 외상 환자를 전담하는 외상센터를 세운다고 가정한 연구에서는 병원 한 곳당 매년 최대 50억 5,800만 원의 적자가 발생하는 것으로 나타났다. 그런 점에서 아주대병원의 희생은 남다르다. 한때 삼성서울병원이 이국종 교수를 스카우트한다는 보도[11]가 있었지만 실제 그런 일은 일어나지 않았다. 이국종 교수의 인터뷰는 고사 이유를 짐작케 한다. "아주대병원은 굉장히 훌륭한 병원이다. (적자만 내는) 나를 아직도 거두고 있지 않나."

아주대병원 중증외상특성화센터 중환자실을 찾을 때마다 이런저런 상념이 든다. 스무 개 병상 가운데 빈자리가 있는 경우가 드물다. 생명 유지 장치를 붙이지 않은 환자는 찾기 힘들고 1차 수술을 마치고 배가 열린 채로 깊이 잠들어 있는 환자도 있다. 대부분 의식이 없는 상태다. 그렇지만 외상센터 중환자실의 분위기는 늘 차분하다. 조용한 가운데 제 속도를 지키며 돌아가는 혈액투석기와 쉭쉭거리며 바람을 불어넣는 인공호흡기만이 가끔 그 차분한 분위기에 끼어든다.

문득 입장을 바꿔 내가 침대에 누워 있는 상상을 해 봤다. 끔찍했다. 한편으로 다른 병원이 아니라 이곳 아주대병원 중환자실이라면 그나마 나을 것 같다고 생각했다. 어쨌든 지금 내 앞에 누워 있는 사람들 대부분은 건강하게 가정으로 돌아가 자신을 애타게 기다리는 가족과 친구 품에 안길 것이다.

누구든 등교하던 딸이 교통사고로 긴급하게 수술에 들어갔다는 소식을 들을 수 있다. 할아버지가 경운기를 타고 가다가 전복 사고를 당해 온몸이 기계에 눌렸다는 소식을 전해 들을 수도 있다. 사고는 예고 없이 찾아오고 위험은 누구에게나 닥칠 수 있다. 그 순간, 우리에게 기댈 곳이 있다면 병원뿐이다. 그리고 그 병원에는 숙련된 의사가 있어야 하고 환자를 책임질 체계가 갖춰져 있어야 한다. 병상 위에 있는 사람은 미래의 나일 수 있고 당신일 수도 있다. 아주대병원 중증외상특성화센터에는 알 수 없는 미래에 대한 불안과 예방 가능한 죽음이 충분히 저지되고 있다는 것에 대한 안도감이 공존하고 있다.

불필요한 검사, 돈에 혈안이 된 병원?

병원
사용
설명서
3

2011년 4월 전 모(50) 씨는 아내와 함께 노원구에 있는 응급실을 찾았다. 부인 권 모(52) 씨는 평소 시력이 좋지 않아 자주 넘어졌다. 담당 의사 이 모(25) 씨는 권 씨가 특별한 상처가 없는데도 머리 통증을 호소하자 시티 촬영을 권유했다. 두개골 골절이나 뇌출혈을 의심해 반드시 검사가 필요하다고 판단한 것이다. 하지만 남편 전 씨는 화가 났다. 전 씨는 이 씨를 벽으로 밀친 뒤 양손으로 목을 졸랐다. 그는 "병원이 의료비를 올리려는 불필요한 진료인 것 같아 거부했는데 계속 촬영을 하자니 화가 나서 그랬다"고 경찰에서 진술했다.[12]

진료비를 사이에 둔 줄다리기

보통 사람들은 병원이 돈에 혈안이 되어 불필요한 검사를 한다는 인식을 갖고 있다. 반면 검사를 처방하는 의사는 자기 수입이 느는 것도 아닌데 불필요한 검사를 권할 이유가 없다고 항변한다. 어느 말이 맞는 것일까? 두 주장 다 타당한 측면이 있다. 국민들이 납부한 건강보험료를 의료 기관에 주는 진료비 지불 제도가 행위별 수가제다. 행위별 수가제는 의료 서비스를 이용한 만큼 진료비를 지불하는 것인데, 의료 행위에는 검사나 의약품 처방도 포함된다. 피검사를 하거나 엑스레이를 찍을 때마다 진료비는 올라간다. 그러다 보니 많은 병원에서 불필요한 의료 행위를 반복하고 의약품을 과도하게 처방하는 등 과잉 진료를 하는 경향이 있다. 실제로 74세 할머니에게 한 달치 약으로 13종의 약이 처방된 경우도 있었다. 이 중 10종은 유사한 효능을 가진 진해 거담제였다. 환자가 병원을 의심하는 것도 당연하다.

하지만 의사 입장에서도 할 말이 있다. 의사는 점쟁이가 아니다. 환자를 눈으로만 보고 무엇이 문제인지 바로 진단을 내릴 수 없다. 의학적으로 필요한 검사를 제대로 하지 않았을 때 환자가 잘못되기라도 하면 그 책임은 의사에게 돌아간다. 예를 들어 비교적 흔하게 발병하는 A형 간염은 열, 근육통, 무기력 등 감기와 유사한 증상을 보인다. 진찰을 통해 간염을 의심하고 피검사를 하지 않으면 초기에 진단하기 어렵다. 만약 검사를 하지 않고 의사가 감기로 진단했다가 후에 간염으로 확인되면 환자가 의료사고라고 항의해도 할 말이 없다. 아무리 가벼운 질환으로 의심이 되더라도 의사가 가급적 검사를 권유해야 하는 이유다.

응급실에서는 왜 그렇게 검사를 하자고 하나?

더욱이 응급실은 외래 진료에 비해 환자의 상태가 더 나쁘다고 가정한다. 응급실까지 찾을 정도면 환자 상태가 심각하다고 보는 것이 당연하고, 그래서 더 적극적으로 검사를 하는 경향이 있다. 두통을 호소하면 우선 뇌출혈을 의심하고 사진을 찍어 보는 식이다. 만일 의사 이씨가 시티 촬영을 권유하지 않고 그냥 퇴원시켰다가 환자 권 씨가 뇌출혈로 사망했다면, 환자에게도 그렇지만 의사에게도 최악의 결과가 발생한다. 돌팔이 소리를 듣고 끝나는 게 아니라 민형사상 책임까지 질 수 있다. 잘못된 절차가 있었다면 면허정지 등의 행정처분까지 각오해야 한다. 환자 사망에 대한 도의적 책임도 함께 따른다.

응급실 의사에게는 진료에 대한 법적 의무도 있다. "응급 의료에 관한법률"은 응급 의료 종사자가 응급 환자에 대해 최선의 진료를 해야 하고, 응급 의료 업무에 성실히 종사해야 하며, 정당한 사유 없이 응급 의료를 거부할 수 없도록 규정하고 있다. 검사도 당연히 진료에 포함된다. 한 대학 병원 응급의학과 교수는 "응급실에서는 환자가 필요한 검사를 거부하는 경우가 적지 않다. 네가 돈을 낼 거냐고 말하는 사람들도 있다. 그런데 응급실에 들어오는 건 환자 마음이지만, 나갈 때는 의사의 책임이다. 퇴원으로 인해 사고가 생겨도 병원에 이의 제기를 하지 않겠다는 서약서를 받지만, 사고가 생겼을 때 그 서약서가 얼마만큼 효력이 있는지 알 수 없다"고 말했다.

결국 많은 검사들은 환자를 위한 적극적인 진료이자 의사를 지키는 방어적인 진료의 결과물이다. 현실적으로도 일부 과잉 진료를 일삼는 병원과 의사가 있긴 하지만 그렇다고 그 검사가 정말 불필요한지 여부는 쉽게 판단할 수 없다. 그렇다면 어떻게 해야 할까? 의사는 자신의 의학적 권위에 기대 특정 의료 행위가 필요하다고 말할 수 있다. 환자의 경우에도 신체에 대한 자기 결정권을 가진 주체로서 그 권리를 능동적으로 행사할 수 있다. 의사가 검사를 제안할 경우 환자가 그 검사의 필요성과 목적 및 효과에 대한 설명을 요구할 수 있는 것도 신체에 대한 권리가 궁극적으로는 환자에게 있기 때문이다. 환자 입장에서는 의사의 의료 행위 하나하나에 불신의 눈길을 보낼 필요도 없지만 그렇다고 의사의 권위에 주눅이 들어 과잉 진료로 의심이 가는 검사를 곧이곧대로 받을 필요도 없다.

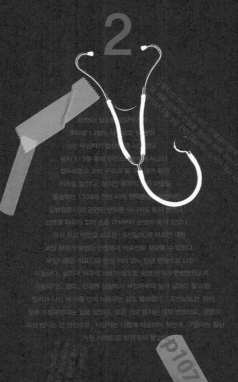

2

"한 국 에 서
태어난 게 잘못"

"절반 이상의 분들이 살 수도 있는데 돌아가시는 거 거든요.
그러니까 여기가 한국이 아니고 영국이나, 일본이나, 하다못해
대만에서 사고가 났으면 살아서 다시 사회로 복귀하실 분들이
돌아가시고 있다고요."
 – 이국종(아주대병원 중증외상특성화센터)

"우리나라 사람들은 외상과 관련해서는 운에 맡기고 살고
있다고 볼 수밖에 없을 겁니다. 아직까지는."
 – 박찬용(전남대병원 외상외과)

MBC 〈시사매거진 2580〉 '골든타임'은 없다(2012년 9월 23일 방송 가운데)

4장

정부 실패가
부른 참사

미국의 개브리엘 기퍼즈Gabrielle Giffords 연방 하원 의원은 2011년 1월 8일, 머리에 총탄을 맞았다. 애리조나 주 투산의 식료품점 앞에서 유권자들과 만남의 행사를 진행하던 중이었다. 기퍼즈 의원은 불과 9분 만에 병원으로 옮겨져 도착 38분 만에 수술에 들어갔다. 총 47분이 소요됐다. 골든타임 안에 수술까지 실시된 것이다. 외상 의료 체계가 정상적으로 작동됐다.

　　기퍼즈 의원을 수술한 의사는 한국계인 피터 리Peter Rhee 교수다. 리 교수는 애리조나 주립대병원 외상센터 과장이다. 24년 동안 미 해군에서 외과의로 봉직하며 이라크와 아프가니스탄 등에서 수많은 수술을 행했다. 또한 5년간 로스앤젤레스에 위치한 〈해군외상교육센터 Navy Trauma Training Center〉에서 미국 해군을 대상으로 전장으로 파견되기 전에 외상을 어떻게 다룰지를 교육했다. 리 교수는 『엘에이 타임스』와의 인터뷰에서 "전쟁터에서 쌓은 많은 수술 경험이 개브리엘 기퍼즈 의원의 수술을 집도하는 데 큰 도움이 됐다"고 말했다.

눈여겨 볼 점은 기퍼즈 의원이 사고를 당한 곳이 인구 백만 명도 되지 않는 미국의 중소 도시라는 점이다. 경상남도 창원시보다 인구가 적다. 그럼에도 수준급의 외상센터가 존재한다. 기퍼즈 의원은 같은 달 20일 외상센터 중환자실을 나와 재활 병원으로 옮겼다. 머리에 총알이 관통했음에도 12일 만에 재활에 나선 것이다. 그리고 총격 5개월 만인 6월 15일 퇴원했다. 8월 1일 기퍼즈 의원은 하원 본회의장 투표에 참여하는 것으로 일상에 복귀했다.

기퍼즈 의원이 연방 의원이라는 지위 때문에 특별대우를 받아 살아날 수 있었던 거라고 지레짐작 할 수도 있다. 그러나 리 교수는 고개를 내젓는다. 피터 리 교수는 2012년 한국을 찾아 "미국은 환자가 없어도 응급 의료진이 수십 명씩 대기하고 있다. 하지만 한국은 대학 병원들조차 외상 의료 체계나 응급 의료 체계 면에서는 환자를 치료하지 못할 정도로 낙후돼 있어 가슴이 아프다"고 안타까워했다. 리 교수는 좋은 병원이란 "시설이 좋은 병원이 아니라 **아무리 급박한 상황에서도 환자가 병원에 들어왔을 때 바로 수술할 수 있는 의료진과 체계를 갖춘 병원**"이라고 강조한다. 한 번도 한국 사람임을 잊은 적 없다는 리 교수는 "(자신의) 경험을 한국 의사들에게 전수해 많은 사람을 살리는 데 보탬이 됐으면 하는 바람이 있다"고도 덧붙였다.[1]

외상 환자는 어디로 가나?

그렇다면 한국의 상황은 어떨까? 한국 응급 의료와 외상 의료 체계의 현실을 한눈에 보여 주는 사건이 있었다. 2010년 7월 3일 인천대교에서 일어난 대형 교통사고로, 40명이 탑승한 관광버스가 추락해 14명이 사망하고 10명이 넘는 부상자가 발생한 큰 사고였다. 당시 119를 통해 인천소방본부에 사고가 접수되었고 소방 구조대 및 구급대가 환자 이송을 맡았다. 하지만 환자의 병원 이송을 통솔하는 1339와 인천 지역 권역응급의료센터인 길병원은 이와 관련한 연락을 어디서도 받지 못했다. 컨트롤 타워가 없어 초동 대처부터 손발이 맞지 않았다.

당시 사고 현장을 보도한 『조선일보』에 따르면 대량 외상 환자가 발생한 현장에서 의료진을 찾아볼 수 없었다.[2] 부상자들은 의료진의 현장 처치 없이 인근 병원으로 단순 이동됐다. 심지어 외과적 치료가 필요한 외상 환자가 한방병원으로 이송되기도 했다. 긴급한 상황에서 부상자부터 실어 날라야 할 소방 헬기가 시신 세 구를 먼저 이송하는 일도 벌어졌다. 『조선일보』는 환자 분류가 잘못됐다는 점을 짚었다. 중증 외상 환자는 대학 병원으로, 경증의 외상 환자는 먼 병원으로, 사망자는 나중에 이송해야 하는데, 구급대는 일단 '가장 가까운 큰 병원'부터 찾았다. 결과적으로 인하대병원에 16명의 중증 외상 환자와 경증 환자 및 사망자가 뒤섞여 들어왔다.

사망자를 먼저 이송할 정도로 정신없는 구급대의 대응도 문제지만, 근본적인 원인은 외상센터의 부재에서 비롯된 것이다. 중증 외상 환자를 현장에서 의료 기관으로 이송할 때 구급대는 이송 소요 시간, 해당 의료 기관의 치료 수준, 의료 기관의 수용 능력을 고려해야 한다.[3] 그러나 전문의가 없어 치료가 어렵다거나 남는 중환자실 병상이 없어 환자를 수용할 수 없다는 이유로 구급차가 길거리를 방황하는 것은 어제 오늘 일이 아니다. 인천대교에서 엉터리 이송을 한 구급대도 같은 고민에 봉착했을 것이다. 환자 분류를 제대로 하기도 전에 일단 수용 가능한 병원부터 물색할 수밖에 없는 게 우리나라 응급 의료 체계의 현실이다. 만약 외상 의료 체계가 제대로 정립되어 환자들을 모두 외상센터로 이송했다면, 중증 환자는 즉시 치료하고 생명이 위급하지 않은 경증 환자는 다른 병원으로 재이송할 수 있었을 것이다. 외상 의료 체계의 낙후성은 구급대가 사고 현장에서 발휘할 수 있는 역량을 제한한다.

응급 의료 체계와 외상 의료 체계는 응급한 상황에 빠진 환자를 대상으로 한다는 점에서 비슷해 보이지만 대응 방식엔 큰 차이가 있다. 보건복지부는 응급실의 규모와 의료 인력의 많고 적음에 따라 작은 응급실은 지역응급의료센터로, 큰 응급실은 권역응급의료센터로 지정하는데, 일반적인 응급 환자는 보통 작은 응급실을 거쳐 그곳에서 문제를 해결할 수 없을 경우 큰 응급실로 간다. 반면에 한시가 급한 중증 외상 환자는 일반 응급실이나 지역외상센터를 거치지 않고 곧바로 가장 큰 외상센터로 가는 것이 바람직하다. 외상 의료 체계의

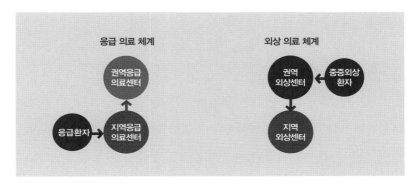

응급 의료 체계와 외상 의료 체계 비교

목표는 중증 외상 환자를 골든타임 안에 수술을 받게 하는 것이기 때문이다. 따라서 외상 의료 체계에서는 어느 정도 규모를 갖춘 권역외상센터가 꼭 필요하다. 중증 외상 환자는 '무조건 열어야' 한다. 응급실에 눕혀 놓기만 해서는 안 되고 수술을 해야 한다. 그러려면 중증외상 환자를 치료하기 위해 최적의 환경과 인력을 갖춘 곳이 필요한데, 그곳이 바로 권역외상센터다.

외상센터는 규모가 중요하다. 권역외상센터는 외국의 레벨 1 외상센터Level-1 trauma center를 우리말로 옮긴 것이다.[+] 서울대 의대 김윤 교수는 〈미국외과학회〉가 정한 권역외상센터 요건을 다음과 같이 소개했다.[4] 첫째, 권역외상센터는 연간 1,200명 이상의 외상 환자를

[+] 이 책에서는 편의를 위해 외국의 레벨 1 규모의 외상센터와 이와 유사한 수준의 한국형 외상센터인 권역외상센터를 구분하지 않았지만 현재 시행 중인 한국형 권역외상센터와 레벨 1 외상센터는 규모와 인력 면에서 차이가 있다.(172쪽 주석 참고)

진료해야 한다. 둘째, 외상외과 전문의 1인당 중증도$_{ISS}$[+] 15점 이상의 환자를 연간 35명 이상 진료해야 한다. 15점 이상이란 신체 손상이 매우 심한 상태를 말한다. 김윤 교수는 중증 외상 환자 발생률과 수술률 및 전문의 근무시간 등을 고려해 권역외상센터에는 최소 8명에서 9명 정도의 외상외과 의사가 필요할 것으로 추산했다. 국내 최고의 외상센터라 할 수 있는 아주대병원 중증외상특성화센터도 이 같은 인력 기준은 채우지 못한다. 아주대에서 수술을 책임질 수 있는 숙련된 외상외과 의사는 두 명에 불과하다. 그럼에도 중증도 15점 이상의 환자를 2011년 219명, 2012년 306명 치료했다. 의사 1인 당 1년 동안 평균 131명의 환자를 진료한 셈인데, 중증 외상 환자의 수술이 보통 2차, 3차까지 이어진다는 점을 생각해 보면 거의 매일 수술에 매달린 것이다.

외상센터는 외상 의료 체계의 핵심이며 중증 외상과 관련된 모든 문제를 개선하는 출발점이다. 일단 외상센터를 만들면 이송과 재이송의 문제가 크게 해결된다. 겉으로 보기에 심각해 보이는 외상 환자는 권역외상센터로 무조건 이송하면 되기 때문에 구급대가 길에서 시간을 허비하지 않을 수 있다.

또한 외상센터가 만들어지면 진료과 사이 책임 떠넘기기 문제도

[+]　ISS(외상 중증도 계수injury severity score), 외상 환자의 중증도를 판단할 때 가장 널리 쓰이는 지표로, 해부학적 손상도를 따져 신체 부위별 외상의 심각한 정도를 파악한다. ISS 점수가 15점 이상인 경우를 중증 외상 환자로 정의한다.

상당 부분 해결된다. 외상센터는 기존 병원과 독립된 조직이므로 아예 다른 체계로 병원을 꾸릴 수 있다. 진료과별로 조직을 구분하지 않고 외상센터장의 책임하에 여러 진료과를 하나의 부서 아래 둘 수 있는 것이다. 일반 병원에서는 진료과별로 병상을 나누어 갖지만 외상센터에서는 서로 다른 전공의 의사들을 한 팀으로 묶는다. 이를 통해 외상외과, 신경외과, 정형외과, 응급의학과 등이 환자 한 명을 위해 긴밀히 협조할 수 있는 협진 체계가 마련된다. 그만큼 환자의 치료에 대해서도 빠른 의사 결정을 내릴 수 있다.

무엇보다 외상센터를 세우면 현재의 응급 의료 체계로 메우지 못하는 외상 의료의 공백을 채울 수 있다. 많은 외상 환자들이 응급실을 찾다가, 혹은 응급실에 깔려 있다가 골든타임을 놓치는 일이 빈번하게 발생한다. 응급실에 자원 자체가 부족하기 때문에 발생하는 일이다. 외상센터가 없는 상황에서 외상 환자 대부분은 일반 응급실에서 1차 진료를 받는다. 국립중앙의료원 중앙응급의료센터의 2008년 통계에 따르면 중증 외상 환자의 진료에 필요한 자원을 갖추고 항시 수술이 가능한 시설과 인력을 갖춘 응급 의료 기관은 전체 응급 의료 기관의 13.5퍼센트에 불과했다.

구조상의 문제도 있다. 응급실에서 중증 외상 환자를 처음으로 맞이하는 의료진은 응급의학과 의사다. 그런데 응급의학과 의사는 내과 계열이다. 내과적 응급 상황을 처리하는 일에는 전문가지만 외과적 상황까지 대처하긴 힘들다. 응급실 의사는 타 진료과 의사를 호출하고 환자는 호출 받은 의사가 올 때까지 기다려야 한다. 즉각적인 수술 등, 외과적 처치가 필요한 중증 외상 환자들에게 현행 응급실 체계는 적합하지 않다. 중증 외상 환자를 전담하는 외상센터가 절실한 이유다.

권역외상센터는 언제든지 대기 없이 영상 촬영을 할 수 있고, 즉시 수술이 가능하며, 언제든 비어 있는 중환자실에 환자가 누울 수 있는 병원이다. 외상센터가 없다면 인천대교 관광버스 추락 사고 같은 참사가 다시 일어났을 때, 또 다른 재난 상황에서 아수라장은 그대로 반복될 것이다.

무관심한 병원과 방치하는 정부

문제는 권역 및 지역외상센터 설립에 민간 병원의 자발적인 참여를 기대하기 어렵다는 데 있다. 서울대 의대 이중의 교수는 외상학이 사회적으로 중요한데도 경시되는 이유를 다음과 같이 설명한다.[5]

첫째, "외상은 사회·경제적 지위가 높은 인구 집단보다는 지위가 낮은 인구 집단에서 주로 발생하기 때문에 외상 진료 체계는 사회 지도층의 관심에서 멀어질 수 있다." 더 크게 다치고 더 쉽게 죽는 사람은 가난한 사람들이다. 그만큼 그들의 목소리가 작고 힘이 없기 때문에 중증 외상이 정책에 반영되기 어렵다는 뜻이다.

둘째, "중증 외상 환자들을 전담하는 병원과 의료인에 대한 법적 보호책이나 경제적 보상책이 구비돼 있지 않다." 중증 외상 환자들은 치료나 수술 도중 사망할 확률이 높다. 따라서 의료인 입장에서는 의료 분쟁이나 소송에 시달릴 가능성을 염두에 두고 처치에 임해야 한다는 부담이 있다. 또한 병원 입장에서도 중증 외상 환자를 받을수록 적자를 걱정해야 한다. 병원 경영의 측면에서 초기에 고비용의 처치가 불가피하고 장기간의 중환자실 사용이 예상되는 환자, 그리고 대부분 사망하거나 생존하더라도 치료비를 지불할 능력이나 의사가 없는 환자를 반길 이유가 없다는 것이다.

중증 외상에 대한 민간 병원의 자발적 지원을 기대할 수 없는 세 번째 이유로 이중의 교수는 의료진이 외상 분야를 기피할 수밖에 없게 만드는 배경 조건을 지적한다. "의료진 사이에서 외상 의료는 3D 직종이다. 피가 난무하고 고통스러운 비명과 신음 소리가 끊이지 않는 업무 환경에다 밤낮을 가리지 않고 일해야 하며 매순간 환자의 생명이 즉시 결정될 수 있는 긴박감 속에서 일해야 하기 때문"이라는 설명이다. 또한 외상외과 전문의의 완만한 러닝 커브도 원인으로 지목된다. "중증 외상 분야에서 제대로 기능하려면 상당히 긴 기간의 수련이 필요한 데 비해 업무 강도가 세서 전문의가 된 이후 의사의 수명이 길지 않은 경향이 있다"는 것이다.

네 번째는 투자 비용 문제다. "제대로 된 외상 의료 체계를 갖추려면 엄청난 비용이 드는데 국가적인 외상 의료 체계의 확립 없이는 불가능하다. 이런 엄청난 비용은 일개 병원 입장에서는 부담스럽고 국가적으로 볼 때도 부담스럽다." 이중의 교수는 현재 대부분의 병원이 돈이 되는 암 치료나 뇌혈관 및 심혈관 질환에 우선적으로 집중 투자하고 있는 만큼, 민간 병원이 앞장서서 외상 의료 체계 개선을 위해 돈을 투자하기 어렵다고 덧붙인다. 국가 역시 예상되는 비용 부담이 크기 때문에 중증 외상은 공공 의료 정책에서도 우선순위에서 밀릴 수밖에 없다.

특히 마지막 지적은 적자와 이윤에 민감할 수밖에 없는 국내 의료계의 현실을 그대로 요약하고 있다. 『한겨레21』은 지난 2012년 의료 상업화 표지 기사에서 인터넷 포털 사이트에 '암 센터'와 '중증외상센터'를 검색한 결과를 기사화한 적이 있다. 암 센터를 쳐보면 전국 주요 대형 병원들의 이름과 함께 수십 개 사이트가 검색되는 반면 중증외상센터는 거의 찾아볼 수 없었다.[6] 한마디로 돈이 되지 않기 때문이다. 매년 운영 비용에서 수십억 원의 적자가 발생하는 일에 수백억 원씩 투자할 병원이 어디 있겠는가? 사정이 이러니 민간 병원이 중증 외상 의료 체계를 개선해 보겠다고 나설 리 없다.

국내 의료 환경은 전적으로 민간에 의존하고 있다. 전체 병원 가운데 공공 병원은 9퍼센트에 불과하다.(2011년 기준) 나머지 91퍼센트의 병원은 시장에서 자율적으로 만들어진 민간 병원이다. 일본 같은 경우 공공 병원 비율은 20퍼센트고 미국만 해도 25퍼센트나 된다. 독일과 프랑스는 37퍼센트 정도, 국영 의료 제도를 채택하고 있는 영국은 무려 95퍼센트가 공공 병원이다. "국민건강증진법"은 "국가가 국민 건강을 증진할 책임이 있다"고 분명히 규정하고 있지만 실제 국가는 9퍼센트의 지분만 차지하고 있다. 국가가 공공 의료 확대라는 의무를 외면하고 있다는 비판을 들어도 할 말이 없다. 공공 의료의 역할까지 민간 병원에 떠넘긴 결과가 외상 의료 체계의 부재로 나타났다. 그렇다면 이는 정부 실패라 할 수 있다. 원래 정부 실패란 정부가 과도하게 시장에 개입해 상태를 악화시키는 경우를 말하지만, 정부의 의무가 존재하는 상황에서 무책임과 부작위로 인해 상황이 악화된 것이라면 또 다른 의미의 정부 실패라 할 것이다.

이러한 정부 실패를 바로잡기 위한 방법으로는 두 가지가 있다. 하나는 정부가 중증 외상 환자를 전문적으로 치료하는 병원을 직접 설립해 운영하는 것이고, 다른 하나는 민간 병원에 운영을 위탁하고 정부는 투자와 더불어 관리 · 감독 권한을 갖는 것이다. 전자가 좀 더 혁신적이고 간편한 방법으로 보이지만 꼭 그렇지만은 않다. 예를 들어 대표적인 국공립병원인 국립중앙의료원은 보건복지부 소속 기관으로 공공 의료의 책임을 지고 있지만, 이곳 응급실인 중앙응급의료센터의 사정은 웬만한 지역응급의료센터만도 못하다. 2011년 국정감사에서 밝혀진 대로 국립중앙의료원의 응급실에는 "응급의료에관한법률"에서 비치하도록 되어 있는 초음파 장비도 없고 전문의는 한 사람만 근무하며 야간에는 그마저도 없었다.

국립중앙의료원이 운용 중인 특수 구급차에는 자동 제세동기와 휴대용 산소 포화 농도 측정기도 비치되어 있지 않았다. 모두 심박 정지가 일어났을 경우 환자의 상태를 측정하고 응급 상황에 대처하는 데 꼭 필요한 장비들이다. 그 밖에 협심증 환자의 흉통 조절제로 쓰이는 '니트로글리세린'과 기관지 천식 치료에 사용되는 '흡입용 기관지 확장제'는 유효기간을 초과하여 사용할 수 없는 상태였다. 국정감사에서는 중앙응급의료센터 지정을 취소해야 한다는 지적까지 나왔다.[7] 정부는 잘못을 인정했다. 당시 보건복지부 손건익 차관은 "국립중앙의료원에서 근무하는 의사와 직원들의 잘못도 있지만 저 지경이 되도록 방치한 정부의 책임도 분명히 있다. 그 점에 관해서는 저희들도 반성을 하고 있다"고 말했다.[8] 국립 병원이 이 지경이니 정부도 민간 병원을 탓할 수만은 없다.

전문가들 역시 외상 의료 체계 개선을 위해서는 정부가 직접 병원을 운영하는 것보다 환자를 치료할 의지가 있는 병원에 지원하는 방안이 더 현실성 있다고 말한다. 보건복지부에서 연구 용역을 의뢰받아 서울대 김윤 교수가 2010년 작성한 「한국형 권역외상센터 설립 타당성 및 운영 모델 연구」 결과 보고서의 지적이다. 보고서는 전국을 여섯 개 권역으로 나누어 민간 병원에 외상센터 여섯 곳을 설치하면 현재 30퍼센트 중반대인 예방 가능 사망률을 20퍼센트까지 낮출 수 있다는 결론을 내렸다. 이를 위해서는 2045년까지 총 1조 5,675억 원의 비용이 필요한 것으로 추계됐다. 외상센터 건물을 짓는 투자 비용과 2045년까지 인건비를 포함한 운영 비용을 더한 금액이다. 적지 않은 비용이지만 김윤 교수는 권역외상센터 여섯 곳이 정상적으로만 운영된다면 해마다 1,198명의 죽음을 막을 수 있고 30년이면 3만 5,949명의 생명을 살리는 셈이라고 말한다. 또한 이 보고서는 선행 연구를 참고해 중증 외상 환자의 조기 사망을 예방할 경우 발생하는 총 편익을 3조 1,383억 원으로 보았는데 이를 감안한다면 1조 5,675억 원을 투자하는 것이 사회적으로 손해는 아닐 것이다. 투자자인 정부 입장에서도 투자한 돈에 비해 두 배의 효과를 거둘 수 있으니 경제적 타당성이 있는 사업이 된다. 결국 국민의 생명도 살리고 경제적 효과까지 거둘 수 있는 것이다.

정부의 감시가 필요하다

정부의 역할이 단순히 외상센터를 설립하고 운영하는 데 필요한 자금을 지원하는 일에 그쳐서는 안 된다. 외상센터를 만든다고 해서 기존 병원의 환자 떠넘기기와 환자 깔아 놓기 관행이 반복되지 않을 것이라 장담할 수 없기 때문이다. 따라서 정부는 지정된 외상센터를 엄격히 평가하고 그 결과를 공개하는 장치를 마련해야 한다. 현재 건강보험심사평가원은 홈페이지를 통해 병원별 의료 평가 결과를 항목별로 공개하고 있다. 외상센터도 중증 외상 환자의 예방 가능 사망률을 얼마나 낮췄는지 등을 평가 기준으로 삼아 운영 실태를 꾸준히 감시하고, 평가 결과가 낮다면 과감하게 해당 외상센터에 책임을 물어야 한다.

　문제는 현재 정부의 의료 기관 관리가 낙제점 수준이라는 것이다. 겉으로 보면, 법을 집행하는 정부가 민간 병원을 충분히 통제할 권한과 수단을 갖고 있는 것처럼 보인다. 의료계에서도 여러 규제가 의료인의 목줄을 죄고 결과적으로 환자에게 손해를 끼친다며 규제 완화를 지속적으로 요청한다. 그러나 정부와 병원의 권력 관계는 그렇게 단순하지 않다. 현실적 문제 때문에 정부가 병원의 비위를 봐줘야 하는 경우도 있다. 그러니 정부는 대체로 병원을 규제하더라도 느슨하게 규제한다. 2010년 대구 달서구에서 네 살짜리 조 양이 사망한 사건은 정부의 규제가 현 의료 체계에서 종이호랑이에 불과할 수밖에 없다는 사실을 한눈에 보여 준다.

　2010년 11월 21일 오후 다섯 시경, 조 양의 아버지는 복통을 호소하는 조 양을 데리고 인근 대구가톨릭대병원에 내원했다. 조 양의 아버지는 병원이 소아청소년과 전문의가 없다며 다른 병원에 가라고 했다고 주장했다. 반면 가톨릭대병원 측은 소아청소년과 병동이 만원이어서 진료가 지연될 수 있다고 설명하자 보호자가 다른 병원에서 진료받기를 원했다고 주장했다. 조 양과 아버지는 하는 수 없이 영남대병원으로 향했다. 그러나 영남대병원도 소아청소년과 전문의가 한 명 밖에 없다며 진료에 시간이 걸릴 수 있다고 답했다. 두 사람은 발길을 경북대병원으로 돌렸다. 오후 5시 40분이었다. 그곳에 가서야 응급실 수련의에게서 장중첩 가능성이 있다는 진단을 받을 수 있었다. 장중첩증은 상부 장이 하부 장으로 말려 들어가 장이 막히는 병으로, 3개월에서 6세 사이 영유아에게 비교적 흔히 발생하는 장 질환이다. 방치하면 피가 제대로 돌지 않아 복부 팽만과 통증이 수반되고 잘못하면 장 괴사까지 일어나 사망에 이를 수 있지만 항문으로 바람을 불어넣는 간단한 시술만으로 치료가 가능하다. 다만 시술 중에 장이 파열할 경우 외과 수술이 필요할 수 있다.

조 양의 아버지는 간단한 처치만 받으면 된다고 생각하고 안심했다. 그런데 장중첩증 진단을 내린 수련의는 환자를 돌려보냈다. 확진에 필요한 초음파 검사도 받지 못한 상태였다. 당시 경북대병원은 파업 중이었는데, 조 양의 아버지는 '병원에 초음파 관련 장비가 없으며 설사 초음파 검사로 장중첩증이라는 게 확실해져도 이러한 상황(파업)에서는 원칙적으로 시술을 하지 않는다'는 설명을 들었다고 한다. 이에 대해 경북대병원은 초음파 전문의를 응급 호출하는 것보다 인근에 위치한 외과에서 검사를 받는 게 시간상 더 유리하다고 판단했기 때문에 돌려보낸 것이라고 밝혔다.

할 수 없이 조 양과 아버지는 경북대병원 인근 개인 병원에서 초음파 검사를 받고 장중첩증 확진을 받았다. 그러나 확진이 내려졌어도 치료를 받을 병원을 찾을 수 없었다. 대구 시내 지역 응급 의료 기관인 영남대병원, 파티마병원, 계명대동산병원에 전화를 걸었지만 모두 소아청소년과 전문의가 없다는 등의 이유로 내원 요청을 거부했다. 결국 수차례 전화를 한 끝에 조 양을 받아 주겠다는 병원이 나타났다. 대구에서 45킬로미터 떨어진 구미의 순천향대학병원이었다. 병원에 도착한 시간은 7시 30분, 2시간 30분 동안 길바닥에서 사투를 벌인 끝에 조 양은 순천향대학병원에서 장중첩 복원 시술을 받을 수 있다. 하지만 조 양의 상태는 악화될 대로 악화된 상태였다. 시술을 받던 도중 숨이 멎자 결국 마취 후 개복 수술을 했다. 다음 날 새벽 두 시, 조 양은 사망했다.

이 사건이 알려지자 지역사회가 들끓었다. 대구 시내 주요 다섯 개 병원이 조 양의 죽음과 직간접적으로 연관돼 있었다. 보건복지부는 경북대병원의 책임이 가장 크다고 보고, 권역응급의료센터 지정을 취소하겠다고 나섰다. 그러나 그 말은 금세 번복됐다. 경북대병원을 지정 취소하면 다른 병원을 권역응급의료센터로 지정해야 하는데, 조 양을 내쫓은 대구가톨릭대병원이나 영남대병원을 승격시킬 수도 없는 노릇이었기 때문이다. 하는 수 없이 보건복지부는 2011년 1월 18일, 복지부 차관을 위원장으로 하는 중앙응급의료위원회를 열어 경북대병원에 "지정 취소에 준하는 엄중 문책"을 내리겠다고 약속했다. 그러나 앞서 권역응급의료센터 지정 취소를 번복한 것처럼 약속은 지켜지지 않았다. 매우 약한 처벌이 내려진 것이다.

보건복지부는 2월 1일, 경북대병원에 과태료 200만 원을 부과하기로 최종 결정했다. 그리고 정부가 병원에 예산을 지원하는 사업에 1년간 참여를 금지했다. 같은 해 공모 예정이었던 총 사업비 150

억 원 규모의 권역별 전문 질환 센터 사업에서 배제하겠다는 뜻이었다. 그러나 애초에 경북대병원이 이 사업에 선정될 거라 보는 사람은 많지 않았다. 이미 2009년 대구 지역에서만 대구가톨릭대병원과 영남대병원이 선정되었기 때문이다. 전남이나 전북, 충남의 경우 해당 사업에 선정된 병원이 각각 한 곳씩이었다는 것을 고려하면 같은 지역에 같은 사업의 지원을 받는 병원이 세 곳이나 몰려 있기란 어려운 일이었다. 당직 소아청소년과 교수 한 명과 응급의학과 교수 한 명에 대해서도 면허정지 15일의 행정처분을 내렸다. 그 밖에 다른 병원에 대해서도 다섯 살 아이가 목숨을 잃은 것에 비하면 솜방망이 처벌이 내려졌다. 보건복지부는 대구가톨릭대병원, 영남대병원, 계명대동산병원, 파티마병원에 병원당 평균 6천만 원 정도의 응급 의료 기금 지원금을 삭감하겠다고 했다.

경북대병원만 놓고 보면 총 네 개 법령을 위반했다. 먼저 휴일과 야간에는 전문의, 또는 3년차 이상의 전공의가 응급 환자를 상시 진료하도록 규정한 "응급의료에관한법률"을 위반했다. 이를 위반할 경우 의사는 의사 면허가 취소되거나 자격 정지 6개월이라는 처벌을 받고, 병원 또한 영업 허가 취소, 또는 영업 정지 6개월을 받을 수 있다. 만약 영업 정지 처분이 내려진다고 해도 병원은 최대 5천만 원의 과징금으로 이를 대체할 수 있기 때문에 지역 내 의료 공백이 발생할 걱정은 없다. 또한 파업은 응급 의료를 거부할 정당한 사유가 아니라는 점에서 응급 의료 거부 금지 규정을 위반했다. 의료진과 법인 대표자에게 3년 이하의 징역이나 1천만 원 이하의 벌금형을 부과할 수 있는 위반이다. 병원이 나서지 않고 환자가 직접 치료 가능한 병원을 찾아다니게 만든 것도 법령을 위반한 것이고 초음파 전문의를 호출하기 어렵다고 한 것도 300만 원 이하의 벌금형을 받을 만한 과실이다. 그러나 보건복지부는 원칙대로 처벌하지 않았다.

보건복지부가 병원을 봐준 일은 또 있다. 보건복지부는 2012년 12월 서울아산병원, 삼성서울병원, 세브란스병원, 서울대병원, 서울성모병원 등 통칭 빅 5병원에 대해 9일간 긴급 실태 점검을 실시했다. 병원이 환자에게 유전자 검사 동의서를 받을 때 중대한 하자가 있었던 것이다. 유전자 검사는 대개 치료를 위한 진단, 연구, 친자 확인 등에 사용된다.

실태 점검 결과 보고서에 따르면 서울성모병원을 제외한 네 개 병원에서 유전자 검사 동의서상 법령 위반이 적발됐다. 서울아산병원, 삼성서울병원, 세브란스병원이 유전자 검사 동의서를 받는 목적을 상당수의 환자에게 알려 주지 않았다. 검사 목적이 불분명하면 질병 진단이 아닌 다른 목적으로 환자들의 유전자를 사용해도 누구도 알 수 없게 된다. 국회 입법조사처는 이 같은 행위가 불법이고 행정처분 대상이라고 했다.

서울대병원은 문제가 더 심각했다. 아예 환자 서명조차 받지 않은 유전자 검사 동의서가 다량으로 발견됐다. 평소 동의를 받지 않고 유전자 검사를 진행했다고 보기에 충분했다. 더욱이 서울대병원은 검사 후 남은 검체를 다른 연구에 사용하기도 했다. 환자의 동의를 받지 않았음은 물론이다. 앞선 세 개 병원도 즉시 폐기해야 할 검체 일부를 보관하고 있어, 서울대병원과 마찬가지로 유전자를 다른 목적으로 사용했을 가능성이 제기됐다. 개인의 유전정보를 병원이 마음대로 사용한 것이다.

가톨릭 계열의 서울성모병원은 당초 위반 사실이 없는 것으로 보고됐지만 알고 보니 부실 조사였다. 보건복지부 조사와 별도로 주승용 의원이 서울성모병원의 2011년 7월 한 달 분의 유전자 검사 동의서 사본을 확인한 결과 83건의 위반을 적발했다. 성모병원 계열의 분원 병원들에서도 불량 동의서가 다수 발견됐다. 실태 점검 대상이 아닌 대형 병원들 가운데서도 부실하지 않은 병원을 찾기 어려웠다. 보건복지부의 긴급 실태 점검은 그 자체로 날림 조사였던 게 밝혀졌다. 점검 결과 문제가 적발된 병원에는 이번에도 솜방망이 처벌만 내려졌다.

보건복지부는 결과 보고서에서 "업무 정지 시 환자가 다른 병원에서 유전자 검사를 받은 후 해당 병원에 결과를 제출해야 하는 불편이 발생한다"며 "과징금을 갈음할 조항이 없고 상당수의 대형 병원이 부실한 현실에서 엄격한 법 적용 시 거의 모든 의료 기관이 행정처분 대상으로 예상돼 **현실적 상황을 고려해서** 조치를 취할 필요가 있다"고 밝혔다. 요약하자면, 거의 모든 병원이 잘못했으니 좋게 넘어가자는 이상한 말이 된다. 결국 보건복지부는 다음부터는 잘 하자는 의미의 시정 명령을 내리고는 마무리했다. 환자들에게 자신의 유전자가 어떻게 재활용됐는지 알려 주지도 않았다. 부실 조사로 마무리되는 바람에 그런 정보를 알아낼 방법조차 없었을 것이다.

위법 사실이 명백한데도 처벌이라는 정당한 수단조차 휘두르기를 포기하는 정부, 오히려 병원의 눈치 보기에 바쁜 정부를 대체 어떤 병원이 무서워할까? 조 양의 문제를 최초로 보도한 대구 지역 신문인 『매일신문』은 "의료 기관끼리 환자를 떠넘기는 행위 때문에 응급 환자가 숨지는 일이 여기서만 생긴 것도 아니고 처음도 아닌데, 왜 대구만 뭇매를 맞는 일이 생겼는지 모르겠다"는 보도로 당시 지역 의료계의 정서를 전했다. 국민의 상식과 동떨어진 의료계의 정서를 탓할 수만은 없다. 응급 환자가 숨질 때까지 제대로 된 조사나 처벌을 하지 않은 정부의 잘못도 크다. 이 상황에서 중증외상센터가 설립된다 해도 정부의 관리·감독 의지가 충분하지 않다면 환자 떠넘기기와 환자 깔아 놓기 관행은 반복될 것이고 정부 예산만 낭비될 것이다. 외상센터가 제 역할을 하려면 정부가 먼저 국민의 건강권을 적극적으로 보호하겠다는 의지를 갖추어야 한다.

의사도 눈물짓게 하는 현실

안녕하십니까. 저는 한 지역 병원의 외과 과장입니다. 우연히 아주대 병원 홈페이지에서 선생님을 뵙고 글을 올립니다. 저는 외상 및 응급 외과, 중환자 의학에 관심이 많아 외과를 택했고 꿈을 향해서 열심히 수련을 했습니다. 그러나 2006년 1월, 외과 전문의 취득 후 첫 근무를 한 곳은 동네 의원이었습니다. 교통사고 나이롱 환자, 정형외과 환자, 감기 환자를 보는 일은 제 꿈과는 완전히 반대였기에 일이 너무도 하기 싫었습니다. 당시에 느낀 분노, 공허함, 우울함은 말로 표현하기 힘들었고 모든 것이 내가 부족해 생긴 일이라고 생각했습니다.

2007년부터 은사님이 정해 주신 외과 수련 병원에서 일을 하게 되었습니다. 그곳에서 막내 과장으로 근무하며 외상, 응급 의학, 중환자 치료 등을 맡았습니다. 은사님이 항상 말씀하신 '뜻이 있는 곳에 길이 있다'는 말이 결국 옳았다고 생각했고, 먼 길 출퇴근하느라 피곤하고 급여도 형편없었지만 즐겁게 일 년을 보냈습니다.

하지만 병원 사정상 더 이상 근무를 하지 못하게 되어 지금 이곳에서 일하고 있습니다. 이곳은 2006년에 일하던 동네 의원과 거의 흡사합니다. 밥을 먹고 아이 셋을 키워야 하기에 억지로 하루하루 버티고 있는 상황이지만 너무 힘듭니다. 꿈을 품었고 그것을 위해 노력했는데 다시 원위치로 돌아오니 공허감, 허탈감이 더한 것 같습니다. 많은 이들이 3D라서 기피하는 외과에 꿈을 갖고 임했는데 현실은 눈물과 한

숨만 나오게 만듭니다. 두서없는 글 죄송합니다.

지방의 작은 병원에서 근무하는 한 외과 의사가 2009년, 이국종 교수에게 보낸 메일은 곪아 있는 우리 의료의 속살을 그대로 보여 준다. 외상센터는 당장의 중증 외상 환자들을 돌보기 위해서만 필요한 게 아니다. 우리나라 의료를 이끌어 갈 미래 세대를 육성하기 위해서도 필수적이다. 한 명의 외상외과 의사를 키워 내는 것은 파일럿을 양성하는 것만큼 어렵다. 그렇게 힘든 과정을 거쳐 실력을 쌓고도 전공을 살릴 병원을 찾지 못해 좌절하는 게 우리의 현실이다. 외상 분야 전문의가 될 꿈을 키우던 의사들도 이런 현실 앞에 좌절하고 전혀 다른 분야인 하지정맥류 수술 등으로 생계를 이어간다. 상급 병원은 중증 외상 환자를 반기지 않는다. 그저 외과 전공의가 당직을 서는 정도로 응급실을 유지한다. 외상외과 의사에게 일자리가 생길리 없다. 일자리가 없는 곳에는 젊은 의사들이 지원하지 않는다.

외상외과가 이렇게 홀대를 받다 보니 이제는 외상센터를 설립해도 그곳에서 일할 외과 의사를 구하는 게 큰일이 됐다. 외상 분야엔 당초 지원자도 적었고, 수련을 거친 소수의 전문의마저 떠났다. 자기 전공 분야를 떠난 외상외과 의사들의 실력은 시간이 지날수록 줄어든다. 손이 굳는 것이다. 〈미국외과학회〉는 외상외과 의사는 1인당 중증 외상 환자를 연간 35명 이상 진료해야 한다고 규정하고 있다. 환자를 진료할 기회가 많을수록 의사들의 실력이 늘고 그만큼 환자들의 생존 가능성도 높아지는 게 당연하다. 수련 기간에 비해 숙련도가 늦게 오르는 외상외과의 완만한 러닝 커브를 고려하면 외상학을 배우는 젊은 의사들에게는 더 많은 수술 경험이 필요하다.

외상센터는 실력 있는 의사들에게 전공을 살려 인술을 펼칠 기회의 장이 될 것이고 목표를 가진 젊은 의사들에게는 배움의 장이 될 것이다. 아울러 외상을 전문으로 다루는 간호사와 응급구조사 및 119 구급대원에게도 교육을 통해 숙련도를 높일 수 있는 교육의 허브로 자리 잡을 수 있다. 외상센터가 품고 있는 꿈은 이처럼 크다. 외상센터는 당장 눈앞에 있는 환자를 살려 내는 일뿐만 아니라 미래의 환자를 살려 내는 토대로도 기능할 것이다. 정부가 자신의 실패를 바로잡을 기회를 놓치지만 않는다면, 이 꿈은 곧 실현될 수 있을 것이다.

심평원은 병원의 저승사자?

병원
사용
설명서
4

대형 병원이 가장 두려워하는 보건복지부의 행정 행위는 크게 두 가
지다. 상급 종합병원 지정 취소와 국민건강보험 현지 조사가 그것이
다. 의원, 병원, 종합병원으로 이어지는 우리나라 의료 전달 체계의 가
장 끝에 상급 종합병원이 있다. 의원급 의료 기관은 동네 병원을 말한
다. 1차 의료 기관이라고도 하며 주로 외래 진료를 담당한다. 2차 의
료 기관인 병원은 주로 입원 치료를 하는 의료 기관이다. 30개 이상
의 병상을 갖추면 개업이 가능하다. 3차 의료 기관인 종합병원과 상
급 종합병원은 그 규모에서 차이가 난다. 종합병원은 100병상을 갖
추면 운영이 가능하고 아홉 개의 필수 진료 과목을 두어야 한다. 상급
종합병원은 이보다 많은 스무 개 이상의 진료 과목과 더불어 보건복
지부가 정하는 인력과 시설 및 장비를 갖춰야 한다.

심평원이 뜨면 병원은 뜬다

보건복지부는 3년마다 평가를 실시하여 기준에 미치지 못하는 상급 종합병원을 종합병원으로 강등시킨다. 또한 기준을 충족하는 종합병원은 승격된다. 2011년 12월에 발표된 2012년~2014년 상급 종합병원은 모두 44개 병원이다. 세 개 병원이 강등되고 세 개 병원이 승격됐다. 강등된 병원은 을지대학병원과 인제대학교 일산백병원 및 인제대학교 부속 서울백병원이다. 서울백병원의 경우 애초에 상급 종합병원 유지 신청을 하지 않았다. 새로 승격한 곳은 건국대병원과 고려대 안산병원 및 화순 전남대병원이다. 상급 종합병원으로 승격되면 의료 수가가 기존 25퍼센트에서 30퍼센트로 올라가는 추가 혜택을 받는다.

반면 상급 종합병원에서 종합병원으로 강등되는 병원은 병원 이미지가 추락하는 것은 물론 환자들에게도 신뢰를 잃을 수 있다. 대형 병원을 선호하는 환자들이 발길을 돌리는 것이다. 올해 강등된 을지대학병원의 관계자는 "상급 종합병원 탈락으로 지역 내 신뢰도가 떨어질 것으로 예상되며, 자연스레 환자들도 서울로 향하게 될 것"이라고 전망했다.[9]

보건복지부의 현지 조사는 이보다 더 예민한 문제다. 등급 심사는 정기적으로 공식화된 틀 안에서 이루어지지만 현지 조사는 언제든 가능할 뿐만 아니라 문제가 드러나면 병원이 감당해야 할 금전적인 부담이 결코 무시할 정도가 아니라는 점에서 그렇다. 현행 "국민건강보험법"은 부당한 방법으로 보험 급여를 받은 의료 기관에 대해 그 돈의 전부를 징수하고 덧붙여 징벌의 의미로 과징금을 최대 다섯 배까지 부과하도록 규정하고 있다. 1억 원의 꼼수가 적발되면 최대 6억 원을 토해 내야 하는 것이다. 더욱이 서류를 위·변조하는 등, 그 죄질이 나쁠 경우 병원과 병원장의 이름이 6개월 동안 공표된다. 이러한 현지 조사는 보건복지부 산하 기관인 건강보험심사평가원(이하, 심평원)이 수행한다. 심평원이 병원들의 저승사자라 불리는 이유다.

환자들에게는 환영할 일

심평원은 병원이 과도하게 부과한 비급여 진료비를 환자에게 돌려주는 일도 한다. **진료비 확인 민원 사업**이 그것이다. 병원이 진료비를 어떻게 청구하는지 제대로 아는 환자는 많지 않다. 청구 체계가 환자들이 이해하기엔 너무 어렵기 때문이다. 건강보험의 적용을 받는지 아닌지, 적용이 된다면 국민건강보험공단 부담금과 본인 부담금의 비율이 어떻게 되는지 등, 환자가 건강 보험의 산정 기준을 모두 이해하는 건 불가능에 가깝다. 때문에 병원과 의사가 보험 적용 여부를 알려 준다. 가령 척추 골절과 관련해 엠알아이를 찍을 경우 건강보험은 단 1회 적용받을 수 있다. 골절이 완치됐는지 확인하기 위해 재촬영한 경우에는 환자 본인이 부담해야 한다.

의약품도 복잡하다. 매달 보험 기준이 업데이트된다. 신약이 나오고 복제약이 출시되기 때문이다. 때때로 기존 약들에 대해서 일괄적으로 약가가 인하되기도 하고 보험이 적용되는 범위가 넓어지거나 줄어들기도 한다. 결국 환자는 정확한 가격을 직접 확인하지 못하고, 병원이 내라는 대로 진료비를 낼 수밖에 없는 구조다. 문제는 병원이 실수, 또는 고의로 환자에게 더 많은 진료비를 요구하는 경우다. 건강보험이 적용되는 의료 행위나 의약품을 비급여로 환자에게 전액 부담시키기도 하고 똑같은 돈을 공단에서 받고 환자에게도 받는 중복 청구도 종종 발생한다. 그 밖에도 선택 진료비나 병실료 등을 보험 기준보다 높게 받은 경우도 있다. 이처럼 과다 청구된 진료비를 환자 대신 확인하는 역할을 하는 게 심평원이다.

의심이 생기면 물어보세요

환자가 진료비 확인 민원을 제기하면 세 가지 긍정적 효과가 생긴다.

첫째, 환자는 부당하게 청구된 돈을 돌려받을 수 있다. 2011년 최 모 씨는 심평원에 진료비 확인 민원을 넣어 사상 최대 금액인 3,333만 원을 돌려받기도 했다. 2011년 한 해 동안 심평원은 총 2만 2,816건의 진료비 확인 민원을 접수했고 이 가운데 9,932건에 대해 환불 결정을 했다. 금액으로는 36억 원이나 된다. 이 가운데 응급실 관련 민원은 333건으로, 전체 2만여 건 가운데 1.46퍼센트에 불과했다. 주로 응급 환자가 내지 않아도 되는 응급실 이용료를 환자에게 부과한 경우였다.

둘째, 환자에게 진료비를 과다하게 청구하는 병원에 대해 현지 조사를 할 수 있는 명분이 된다. 과다 청구 횟수가 누적되어 고의성이 명백한 경우 심평원은 현지 조사를 실시해 병원이 그동안 부당한 방법으로 받은 보험 급여를 환수할 수 있다. 환수된 비용은 국민건강보험 재정에 보탬이 된다.

셋째, 장기적으로 병원과 의료인에게 도움이 된다. 병원과 의료인 입장에서는 진료비 확인 민원에 민감할 수밖에 없다. 최선의 치료를 했다고 생각했는데 민원을 제기하는 환자가 야속할 수도 있다. 그러나 환자들이 적극적으로 민원을 제기할수록 부적절한 보험 기준을 재고할 수 있는 계기가 생긴다. 설사 환자들의 민원이 수용되지 않는다 할지라도 유사한 민원이 지속적으로 제기될 경우 심평원은 보험 산정 기준을 개선하는 근거로 삼을 수 있기 때문이다.

대형 병원 가운데 일부는 환자들이 진료비 확인 민원을 제기할 경우 취소를 종용하며 이면 합의하는 방식을 종종 사용하기도 하는데, 이는 병원과 의료인에게도 좋지 않다. 제도에 문제가 있다고 생각한다면 공론화를 시켜 제도를 개선해야 한다.

5장

당신의 목숨 값
1억 5천만 원

마이클 샌델의 『정의란 무엇인가』(김영사, 2010)를 보면 〈포드 사社〉의 핀토 자동차에 관한 일화가 나온다. 핀토는 1970년대에 미국에서 가장 잘 팔린 소형 자동차이지만 다른 차가 뒤에서 들이받을 경우 연료 탱크가 폭발하기 쉽다는 치명적인 문제를 가지고 있었다. 폭발 사고로 목숨을 잃은 사람이 500명이 넘었는데, 충격적인 사실은 〈포드 사〉가 이 사실을 알고 있었음에도 연료 탱크를 고치지 않았다는 것이었다. 엄격하게 비용 분석을 한 결과 연료 탱크를 고치는 것보다 그대로 두는 것이 비용과 편익 면에서 더 이익이라는 결론에 도달했기 때문이었다.

　　이때 〈포드 사〉가 사망자의 목숨 값으로 산정한 금액은 20만 달러로, 1980년대 초에 미국고속도로교통안전국NHTSA이 추산한 교통사고 사망에 따른 1인당 손실액을 참고한 것이었다. 미국 배심원들은 분노했고, 〈포드 사〉에 손해 배상금 250만 달러와 (후에 350만 달러로 낮추긴 했으나) 징벌적 손해 배상금 1억 2,500만 달러를 지급하라는 평결을 내렸다.

철학자 샌델은 여기서 배심원들이 분노한 원인을 두 가지로 분석한다. 하나는 사람의 목숨에 값을 매기는 행위 자체가 비윤리적이라고 생각하기 때문에 생기는 분노이고, 다른 하나는 〈포드 사〉가 산정한 한 사람의 목숨 값이 너무 낮다고 생각하기 때문에 생기는 분노이다. 샌델은 후자의 경우를 가리켜 공리주의적 사고방식이라 부른다. 이 사고방식에서는 "사람을 수단이 아닌 목적으로 대하라"와 같은 도덕원칙의 준수 여부가 아니라 "사람의 목숨 값을 얼마나 정확하게 산출해 내느냐"와 같은 명확한 계산이 문제가 된다.

하지만 현실에서 대부분의 사람들은 생명의 가치를 마치 상품에 가격표 붙이듯 계산할 수 있다는 공리주의적인 생각에 거부감을 갖기 마련이다. 한 사람 한 사람의 목숨은 경제적으로 환원 불가능한 가치를 지니고 있다고 믿기 때문이다. 누군가를 온전히 그 사람이 산출할 경제적 효과를 토대로 평가하는 행위는 감정적으로 받아들이기 어렵다. 따라서 노골적으로 공리주의적인 〈포드 사〉의 사고방식은 현실에서 쉽게 비판받는다. 더구나 다른 이유가 아니라 오직 회사의 이윤 창출을 목적으로 누군가의 예상 가능한 죽음을 방치했다는 것, 혹은 적극적으로 방조했다는 것은 정상적인 사회에서라면 법적 책임을 묻기에 충분한 근거가 된다.

하지만 국민이 낸 세금을 주어진 한도 안에서 형평성 있고 조리 있게 사용해야 할 책임이 있는 정부 입장에서는 법안을 마련하고 예산을 세울 설득력 있는 근거로 종종 위와 같은 공리주의적 계산법을 사용한다. 이는 모두를 만족시킬 수 없는 상황에서 최상의 공익을 창출하기 위해 필요한 과정이기도 하다. 한정된 재원 안에서 정책의 우선순위를 정해 사업을 추진해야 하는 입장에서는 더욱 그렇다. 중증 외상센터 설립 근거를 마련하기 위한 법안 마련 과정에서도 '한 사람의 목숨 값'을 둘러싼 뜨거운 논쟁이 있었다.

석해균에서 "이국종법"까지

2010년 9월 1일, 나는 민주당 주승용 의원실의 비서관으로 국회에 첫 출근을 했다. 중증 외상 의료 체계의 문제에 대한 대안을 마련하라는 게 내게 떨어진 첫 업무 지시였다. 당시 주승용 의원은 중증 외상 의료 체계의 부실함에 각별한 관심을 가지고 있었다. 이러한 관심은 의원의 출신과 관련이 있다. 주승용 의원은 전남 여수 출신으로, 전남은 섬이 많은 지역 특성상 의료 접근성이 떨어지는 곳이 많다. 예를 들어 가거도 주민이 광주의 전남대병원에 가려면 무려 400킬로미터가 넘는 길을 가야 한다. 주승용 의원은 외상 환자의 사망률이 지역에 따라 큰 차이를 보인다는 데 놀랐고 그 가운데 전남이 전국 최악의 사망률을 기록했다는 데 충격을 받았다. 2007년 기준으로 서울의 중증 외상 사망률이 5.8퍼센트고 전국 평균은 8.5퍼센트인데 비해 전남은 13퍼센트로 나타났다. 주승용 의원은 민주당 박은수 의원 등과 함께 2010년 8월 20일, 아주대병원 중증외상특성화센터를 방문해 이국종 교수의 안내로 중환자실과 병동을 둘러본 뒤, 중증 외상이 심각한 의료 공백 지점이라는 것을 확인했다. 그 뒤 의원실 차원에서 대책을 마련하는 와중에 나에게 중증 외상 관련 업무가 할당된 것이다.

하지만 내가 이국종 교수를 처음 만난 것은 그로부터 훨씬 뒤의 일이었다. 2011년 5월 23일, 이국종 교수가 주승용 의원의 초청을 받아 '외상 대응 체계 구축을 위한 전문가 간담회'에서 발표를 하기 위해 국회를 방문했고, 그 자리에 나도 있었다. 사진이나 방송 인터뷰 등을 통해 보았을 때는 날카로운 인상이다 싶었는데 의외로 깍듯한 사람이었다. 이국종 교수는 석해균 선장의 수술 경과를 보고하는 것으로 발표를 시작했다.

"만약 석해균 선장이 오만이 아니라 인구가 30만 명 정도 되는 소도시에서 총탄 여섯 발을 맞았다면 어떻게 됐을까요?" 이국종 교수가 청중에게 던진 질문이었다. 이국종 교수는 오만에서 이루어진 1차 수술에 깊은 인상을 받은 것 같았다. 오만은 영국식 중증 외상 시스템을 받아들여 환자 이송부터 수술까지 완벽한 매뉴얼을 따르고 있었다. 이어지는 발표는 거침이 없었다. "인구가 천만 명인 런던에는 중증 외상 환자를 치료할 수 있는 거점 병원이 딱 네 개 있다. 그래도 헬

기 뜨고 하면 외상 환자들을 충분히 커버한다. 왜 한국은 이렇게 못
하나?" 중증 외상이 무엇이고 어떤 특수성이 있으며 중증 외상 환자
에게 어떤 의료 서비스가 필요한지, 중증 외상 의료 체계 개선이 시급
한 이유는 무엇이며 정책의 걸림돌을 어떻게 제거해 나갈 수 있는지
에 이르기까지, 현장 경험과 자료를 곁들여 중증 외상의 모든 것을 일
목요연하게 정리한 열정적인 발표였다. 사실 발표를 듣기 전에는 수
술 장면이나 환자 사진을 몇 장 보여 주며 경각심을 일깨우는 정도겠
지 하고 생각했다. 그러나 이국종 교수의 발표는 참석한 모두에게 정
서적인 울림을 주었을 뿐 아니라 해외 사례를 통해 외상센터 설립 안
을 제시할 정도로 구체적이었다. 발표를 들을수록 긴장감을 느끼지
않을 수 없었다.

　　이국종 교수의 방문 이후로 중증 외상 의료 체계 개선과 관련
된 업무도 본격적으로 궤도에 올랐다. 이후 나는 아주대병원을 수차
례 방문해 실태를 파악하고 이국종 교수의 자문을 받았다. 처음에는
'몇 번 오다 말겠지' 하고 거리를 두던 이국종 교수도 어느 샌가 딱딱
한 표정을 풀고 스스럼 없이 대해 주었다. 우리의 대화는 준비 중인
"응급의료에관한법률 개정안" 마련을 위한 구체적인 방안에 대한 논
의부터 외상외과 전문의로서 현장에서 느끼는 어려움과 회안을 토로
하는 데까지 허심탄회하게 이어졌다. 이국종 교수와 대화를 나누는
시간이 길어질수록 나는 권역외상센터 사업이라는 것이 단순히 눈에
보이는 건물이나 설비 같은 인프라를 확충하는 것을 넘어서 '사람을

키우는 일'이어야 한다는 것을 깨닫게 됐다. 외상외과에 대한 열정과 자부심, 그리고 그 열정과 자부심을 충족시킬 수 있는 실력을 갖춘 의사들을 더 많이 육성하는 것이 이 사업의 성패를 좌우할 것이라는 생각이 들었다. 수원까지 가는 길은 그곳에서 얻고 돌아오는 것에 비하면 그리 고되다는 생각이 들지 않았다. 마침내 같은 해 6월 24일, 주승용 의원이 "응급의료에관한법률 개정안"을 발의했다. 언제부터인지 언론에서는 이 법안을 "이국종법"으로 부르고 있었다. 주승용 의원은 법안을 의원 총회에 건의했고, 7월 13일 당론으로 확정됐다.

　의원실에 출근해 법안을 마련하라는 지시를 받을 때만 해도, 나에게도 중증 외상은 낯선 용어였다. '외상'의 영어 표현인 '트라우마'는 국내에서는 흔히 정신 건강과 관련된 '외상 후 스트레스 장애'의 의미로 사용되었기 때문에 혼동을 막기 위해 굳이 '중증' 외상으로 구분하게 됐다. 그나마 중증 외상이 대중에게 조금씩 알려지기 시작한 것은 석해균 선장 관련 언론 보도 이후일 것이다. 사고부터 치료까지 전 과정이 시시각각 생중계되면서 중증 외상이 처음으로 국민적인 관심을 모으는 계기가 됐다.

　2011년 1월 21일, 소말리아 해적에 납치된 삼호주얼리 호 선원들을 구출하기 위해 우리 군의 작전이 펼쳐졌다. '아덴만의 여명' 작전이다. 대한민국 해군과 소말리아 해적 사이에 총격이 오가는 과정에서 석해균 선장은 왼쪽 팔 관통상과 복부 좌측에서 상복부까지 총상을 입어 총 여섯 발의 총탄을 맞았다. 몸에 박힌 총탄이 부서지며 파편들이 내부를 손상시켰다. 석해균 선장은 오만 살랄라의 술탄카부스 왕립병원으로 이송돼 총탄 제거 등의 1차 수술을 받았다. 당초 정부는 서울대병원 의료진을 보내려 했지만, 서울대병원에는 중증 외상을 다룰 수 있는 의사가 없었다.[1]✚

1월 25일, 이국종 교수와 그의 팀인 정경원 교수, 김지영 간호사가 오만을 향해 출국했다. 이날 나는 처음으로 이국종 교수에게 전화를 걸었다. 그는 석해균 선장 가족과 함께 출국하기 위해 공항에서 대기 중이었다. 침착한 목소리였지만 나중에 알고 보니 당시 상황은 좋지 않았다. 아주대병원 외상 팀은 와해 직전이었다. 정부가 외상센터 건립에 회의적인 태도로 돌아선 것이다. 외상 팀은 이국종 교수 본인과 전문의 두 명, 간호사 한 명, 응급구조사 한 명이 전부였고 수술할 수 있는 최소 인원도 안 돼 실습 나온 의대생의 도움을 받아야 하는 형편이었다.

사실 2010년까지만 해도 아주대병원 외상 팀의 사정은 점점 나아지고 있었다. 이때 정경원 교수(당시 임상 강사)와 김지영 간호사가 팀에 합류했다. 정경원 교수는 부산대 의대 출신으로 혈관외과와 외

✚ 정부와 삼호해운이 이국종 교수에게 석해균 선장 치료 의사를 타진한 것은 1월 23일이었다. 다음 날 이국종 교수는 서울대병원 의료진이 가기로 했다는 얘기를 듣고 바로 다른 수술에 들어갔으나 당일 밤 다시 전화가 와서 "내일 갈 수 있냐"는 문의가 왔고, 팀을 구성했다고 한다.[2]

오만 출국 전 이국종 교수가 방송사와 인터뷰를 하고 있다.
왼쪽부터 이국종 교수, 정경원 교수, 김지영 간호사.

상외과를 사이에 두고 고민하다 외상외과를 선택하고 아주대병원으
로 왔다. 김지영 간호사는 응급실 경력 8년의 베테랑이다. 2006년 캐
나다 유학을 떠났다가 영주권을 받기 위해 준비 중 일시 귀국했는데,
이국종 교수의 끈질긴 설득에 못 이겨 결국 외상 팀의 코디네이터로
일을 하게 된 경우다. 행정, 건강보험 업무, 보호자 응대, 원무팀과의
협력, 홍보, 수술 참여, 헬기 출동 등 김지영 간호사가 없으면 외상 팀
이 운영되지 않을 정도로 모든 일에 관여하고 있다.

　　인원이 보강되면서 비로소 제대로 된 외상 팀의 외양에 가까워
졌다. 2010년 5월 보건복지부와 함께 '아주 국제 외상 학술대회'를

개최한 것도 큰 성과였다. 보건복지부가 공식적으로 외상센터 설립 계획을 밝혔기 때문이다. 보건복지부는 2011년부터 전국 여섯 개 권역에 여섯 개의 권역외상센터를 설립하여 2015년까지 예방 가능 사망률을 20퍼센트로 낮추고 중증 외상 환자를 치료하는 의사를 양성한다는 계획을 최초로 발표했다. 외상센터에 선정되는 민간 병원 한 곳당 738억 원을 지원하는 것을 포함하여 총 6,161억 원을 투자한다는 계획이었다. 이를 통해 연간 1,800명을 소생시키고, 매년 교통사고로 발생하는 3,600여 건의 중증 장애를 경증 장애로 낮출 수 있으리라 예상했다.

하지만 좋은 분위기는 오래 가지 않았다. 보건복지부가 2008년부터 전국 균형 발전의 일환으로 추진해 오던 '중증 응급 질환 전문 진료 체계 구축' 사업을 중단하기로 결정했기 때문이다. 이 사업으로 전국 16개 병원이 중증외상특성화센터로 지정되어 인건비 등을 지원받았는데, 아주대병원도 그 가운데 하나였다. 지원금이라 봐야 2억여 원 정도에 불과한 작은 사업이었지만 현장 의료진에게는 유일한 버팀목이었다. 새롭게 추진하는 권역외상센터 사업이 현실화될 수 있을지 불투명한 상황에서 과연 보건복지부에 중증 외상 문제를 개선할 의지가 있는지를 의심하게 만드는 사건이었다.

이국종 교수는 석해균 선장을 치료하러 떠나는 그날까지도 아주대 외상 팀의 미래를 걱정해야 했다. 뒷날 이국종 교수는 내게 "석해균 선장까지만 치료하고 병원을 떠날 생각이었다"고 고백했다. 세 아이의 아빠인 정경원 교수는 부산의 자택에 네 번밖에 가지 못했다. 과거 다리를 다쳐 박아 넣은 철심도 시간이 없어 빼지 못할 정도였다. 김지영 간호사는 정규 시간의 두 배를 초과 근무하고 있었다.[3] 팀원들에게 못할 짓을 시키는 것 같다는 죄책감에서 나온 말이었다.

이 모든 상념들을 뒤로 하고 다음 날 오전, 이국종 교수 팀은 오만에 도착했다. 복잡해진 생각을 정리할 틈도 없이 곧바로 술탄카부스 병원 의료진과 함께 2차 수술에 들어가야 했다. 2차 수술로 출혈을 잡았지만 염증으로 인한 합병증이 이어졌다. 중증 외상 환자에게는 흔한 일이다. 전신에 심각한 염증 반응이 나타나는 패혈증과 근육과 피하지방 사이에 근막을 타고 염증이 전신으로 확산되는 괴사성 근막염이 진단됐다. 29일 전용기로 한국으로 돌아오자마자 염증으로 근육이 괴사하는 부위를 광범위하게 절제하는 3차 수술이 이어졌다. 아울러 정형외과 수술을 통해 좌측 팔과 다리에 박혀 있던 총알을 제거했다. 2월 11일에는 4차 수술을 실시했다. 열어 뒀던 복부를 봉합해 닫고, 왼쪽 손목과 오른쪽 무릎 위, 왼쪽 넓적다리에 대한 정형외과 수술이 이루어졌다. 중증 외상 환자는 이처럼 여러 차례 수술을 받는 것이 일반적이다.

중환자실에 머무르며 집중 치료를 받던 석해균 선장은 상태가 호전돼 3월 2일 일반 병동으로 자리를 옮겼다. 사고 40일 만이었다. 그리고 아주대병원에 입원한 지 280일 만인 11월 4일, 지팡이를 짚기는 했으나 걸어서 퇴원했다. 석해균 선장이 살아남으로써 가장을 잃을 뻔했던 가족은 행복을 되찾았다. 아주대병원도 개원 이래 가장 많은 주목을 받은 시기였다. 무엇보다 석해균 선장의 치료 과정에 국민적 관심이 쏠리면서 무산될 뻔 했던 권역외상센터 건립이 탄력을 받았다. 의원실 차원에서 진행하던 "응급의료에관한법률 개정안"(이하, 개정안) 준비 작업 역시 당 차원의 관심을 받는 계기가 되었다.

대한민국 정부 판 "정의란 무엇인가?"

석해균 선장 치료를 계기로 제대로 된 중증 외상 의료 체계가 마련되어야 한다는 데 누구나 동의할 만한 분위기가 형성됐고 정부의 의지도 그 어느 때보다 확고했다. 내가 몸 담고 있던 의원실 차원에서도 보건복지부가 추진 중이던 권역외상센터 사업에 법적 근거를 마련하고 외상센터를 행정적, 재정적으로 지원할 법률 개정안 준비 작업에 박차를 가하고 있었다. 그러나 2011년 4월, 정부 예산을 틀어쥐고 있는 기획재정부가 제동을 걸었다. 보건복지부가 준비 중이던 외상센터 설립 계획안의 정책 효율성을 문제 삼고 나온 것이다. 기획재정부는 〈한국개발연구원KDI〉을 통해 실시한 예비 타당성 조사 결과 외상센터 사업이 비용 효과적이지 않다며 사업 축소를 요구했다. 비용 편익 비율이 0.31~0.45에 불과하다는 분석이었다. 100원을 투자하면 31원~45원의 성과밖에 거두지 못하니 외상센터 사업에 6천억 원이라는 거금을 투자할 수 없다는 뜻이었다. 결국 기획재정부는 외상센터 사업 예산을 당초 계획의 3분의 1수준인 2천억 원 규모로 줄였다.

예비 타당성 조사란 국가 예산의 부실 사용을 막기 위해 1999년부터 도입한 것으로 국민의 세금이 허투루 쓰이는 걸 막기 위해서는 꼭 필요한 제도이다. "국가재정법"은 사업비 500억 원 이상, 국가의 재정 지원 300억 원 이상의 대규모 신규 사업에 대해서는 그 타당성을 사전에 평가받도록 규정하고 있다. 이 법의 적용을 받아 2008년까지 378개 사업 가운데 44퍼센트인 162개 사업이 타당성이 낮다는 평가를 받기도 했다.

국민이 낸 세금으로 예산을 운용하는 만큼 정부 사업은 늘 신중하게 타당성을 따져야 한다. 문제는 외상센터 사업의 경우 그 타당성 조사가 제대로 이루어지지 않았다는 데 있다. 일례로 중증 외상 환자가 발생하는 원인 가운데 자살(추락)의 비중이 급속히 늘고 있는데도 기획재정부의 예비 타당성 조사에는 반영되지 않았다. 마땅히 들어가야 하는 대상자를 누락하니 실제보다 경제성이 낮다는 결론이 나올 수밖에 없다. 서울대 의대 연구 결과와도 큰 차이를 보였다. 서울대 연구는 비용 편익 비율을 2.08로 밝힌 바 있다.[4] 100원을 투자하면 208원의 편익으로 돌아온다는 것이다. 기획재정부는 서울대 의대 연구 결과와 비용 편익 비율에서 4.6배나 차이가 발생하는 이유를 명확하게 설명하지 못했다.

또한 이 조사에서 기획재정부는 국민 한 사람이 생존했을 때 사회가 얻을 이득을 1억 5,511만 원으로 계산했다. 이는 앞서 〈포드 사)의 사례에서 언급했던 미국고속도로교통안전국의 교통사고 사망에 따른 1인당 손실액 20만 달러(약 2억 2천만 원)보다 훨씬 적다. 특히 미국의 계산이 1980년대에 이뤄졌다는 점을 고려한다면 기획재정부가 매긴 국민 한 사람의 목숨 값이 얼마나 초라한 수준인지를 짐작할 수 있다.

한편 비슷한 시기 기획재정부는 외상센터 사업의 약 40배에 해당하는 22조 2천억 원 규모의 사업에 대해서는 예비 타당성 조사를 하지 않았다. 소위 4대강 사업이다. 4대강 사업의 경우 사업을 잘게 쪼개 19건의 사업, 2조 4,773억 원에 대해서만 예비 타당성 조사를 실시했다. 총 사업의 11퍼센트에 대해서만 조사가 이뤄진 것이다. 나머지 사업은 "국가재정법 시행령"까지 고쳐가며 조사를 면제받았다. 당시 국토해양부(현 국토교통부)가 거들었다. 국토해양부 정종환 전 장관은 "왜 예비 타당성 조사에 1년, 2년을 허비해야 하느냐. 시간 낭비할 필요 없다"고 말했다.

최근 감사원 조사(2013. 7. 10)로 드러난 사실에 따르면 4대강 사업에 불필요한 4조 원이 더 투입되었다고 한다. 애초 포기하겠다던 대운하 사업을 4대강 사업으로 위장했다는 사실도 드러났다. 국토교통부는 감사원 발표가 있던 날 곧바로 사과했지만 타탕성 조사를 날림으로 시행한 기획재정부에도 책임을 물어야 할 것이다. 국민의 생명과 직결된 사업에선 4천억 원을 그냥 잘라내면서 근거도 없는 사업에 4조 원을 허비하도록 방조한 것은 기획재정부와 예비 타당성 조사의 존립 이유를 되묻게 한다.

사실 기획재정부는 공공 의료에 큰 관심이 없다. 의료 민영화를 대표하는 영리 병원 허용은 기획재정부의 핵심 추진 과제다. 기획재정부 전직 장관들의 발언은 노골적이다.

"(MB 노믹스 비판자들은) 외국 의료 관광객을 위한 영리 병원 설립도 반대한다."(강만수)

"영리 병원 왜 못하게 하나? 서비스 산업 선진화 절대 포기하지 않을 것."(윤증현)

"우리보다 의료 기술 수준이 떨어지는 태국이나 인도 등이 더 많은 외국인 환자를 유치해 외화를 벌어들이는 상황을 그냥 넘겨버려서는 안 된다."(박재완)

영리 병원이 생기면 병원 간 경쟁으로 의료 서비스의 질이 올라가고 그러면 서민들도 혜택을 받을 수 있으니 좋은 것 아니냐는 의견이 있다. 단적으로 말하자면 의료 서비스의 '선진화', '고급화'를 운운하는 것은 의료 민영화 추진 세력의 선전에 불과하다. 의료 서비스의 질은 나아질지 몰라도 그렇게 '고급화'된 서비스는 불평등하게 분배될 것이 자명하다.

병원이 영리 법인화된다는 것은 병원의 이윤 추구 행위에 제동을 걸 장치가 사라진다는 뜻이다.✝ 지금도 몸집 불리기에 혈안이 되어 의사들에게까지 공공연하게 매출 압박을 가하는 형편인데 영리 추구가 허용될 경우 민간 병원은 돈 안 되는 진료는 중단하고 돈 되는 비급여 진료에 달려들 것이다. 아예 기존의 건강보험 제도에 불만을 품은 의료 공급자들이 건강보험 체계 바깥으로 이탈하는 계기가 될 수도 있다.[5] 이로 인해 국민건강보험 체계가 흔들리고 보장률은 낮아진다. 소득뿐 아니라 지역에 따라서도 건강 격차가 커질 것이다. 지방의 병원들은 우수한 인력을 영리 병원에 빼앗기고, 지역 의료는 황폐화된다. 무엇보다 이윤에 눈이 먼 병원들이 응급실을 운영할 리 없다. 응급실을 운영하더라도 돈 안 되는 환자들이나 돈이 없는 환자들을 위한 응급실은 아닐 것이다. 의료의 공공성이 외면받고, 국민의 건강권이 침해받는다.

기획재정부는 보건복지부가 영리 병원 도입에 소극적이자 직접 팔을 걷고 나섰다. 2011년 12월 30일 정부가 국회에 제출한 "서비스산업발전기본법" 제정안이 그것이다. 내용은 단순하다. 기획재정부 장관이 위원장인 서비스산업선진화위원회가 보건복지부 등 다른 부처에 법률을 고치도록 권고하면 그 부처는 따라야 한다. 기획재정부의 권한을 대폭 강화한 셈인데 이는 정부 부처의 업무를 법률로 구분한 "정부조직법"과 충돌한다. 기획재정부는 18대 국회 임기 만료로

✦ 현행 "의료법" 제33조(개설 등) 2항에 따르면, 병원은 의사 개인이나 비영리법인만 설립할 수 있게 돼 있다. 즉, 병원은 수익이 나더라도 그 수익을 영리 목적으로 사용해서는 안 되며 오직 시설 재투자 등, 병원의 설립 목적에 맞는 용도로만 사용할 수 있다. 영리병원을 허용한다는 것은 비영리법인이 아닌 영리 법인도 병원을 설립할 수 있게 해 병원의 수익 추구 행위에 빗장을 풀겠다는 것이다.

법안의 자동 폐기가 예상되자 2012년 5월 17일 다시 입법 예고하고, 7월 23일 국회에 제출했다. 19대 국회에서는 반드시 강행하겠다는 의지를 읽을 수 있다.

기획재정부 고위 관계자는 "예산은 국정 운영 방향 하에서 정책의 우선순위를 정하는 의사 결정의 메커니즘"[6]이라고 말했다. 정부가 어느 분야에 관심을 갖고 있는지를 숫자를 통해 그대로 보여 주는 게 예산이라는 뜻이다. 이 말대로라면 외상센터 예산은 축소하면서 4대 강 사업 같은 토목 공사나 병원의 이윤 추구 행위는 적극 권장하는 정부의 정책 방향을 어떻게 해석해야 할까? 적어도 국민의 건강이나 안전이 기업의 수익보다 우선시되지 않고 있다는 것만은 분명해 보인다.

결국 보건복지부는 기획재정부의 요구를 수용해 외상센터 설립 계획을 변경했다. 애초 6천억 원 규모로 전국 여섯 곳에 권역외상센터를 설립한다는 계획이 100억 원에서 200억 원 가량을 지원받는 수준의 외상센터를 장기적으로 스무 개까지 늘려나가겠다는 계획으로 바뀌었다. 예산 면에서는 3분의 1수준으로 축소한 계획이었다. 하지만 소규모 외상센터로는 현재의 외상 의료 공백을 메우는 것이 불가능하다는 게 전문가들의 중론이었다.

주승용 의원은 2011년 9월 21일 아주대병원을 다시 찾았다. 석해균 선장의 퇴원을 축하하고 이국종 교수의 노고를 격려하기 위한 자리였다. 이날 주승용 의원과 이국종 교수는 기획재정부의 예비 타당성 조사가 가진 문제점에 대해 논의했다. 이날 논의의 결과는 국정감사로 이어졌다. 주승용 의원은 10월 7일 열린 보건복지부 국정감사에서 외상센터 설립 계획을 원안대로 복구할 것을 보건복지부에 요구했다. 보건복지부에 기획재정부와 다시 협의해 보겠다는 답변을 기대했지만 정작 돌아온 건 예산이 3분의 1로 줄어도 예방 가능 사망률을 20퍼센트로 줄이는 종전의 목표는 그대로 달성할 수 있다는 근거 없는 호언장담이었다. 여당 의원들조차 투자 금액이 줄었는데 효과는 그대로 보장된다는 주장을 믿지 않았다. 민주당 최영희 의원뿐 아니라 한나라당 신상진 의원, 원희목 의원 역시 사업 축소 결정을 재검토해야 한다고 요구했다.

예산결산특별위원회에서도 같은 논의가 이뤄졌다. 11월 20일 예결위의 핵심인 계수소위원회에서 주승용 의원을 포함해 강기정 의원과 새누리당 구상찬 의원, 이종혁 의원, 백성운 의원 등 다섯 명의 의원이 여야를 가릴 것 없이 중증 외상 환자에 대한 지원이 필요하다는 점에 동의했다. 하지만 기획재정부는 미동도 하지 않았다. 박재완 장관은 자살 등의 추락 사고를 포함하지 않는 방식으로 대상자를 축소한 예비 타당성 조사를 신뢰할 수 있는가 하는 주승용 의원의 질문에 "길게 답변드리지 않겠고요. 그런 가능성 때문에 검증이 좀 더 필요하다"는 말장난으로 대답을 회피했다. 같은 날 예결위 전체회의에서 예비 타당성 조사에 문제가 있다고 다시 따져 묻자 박재완 장관은 "그것이 권역외상센터 주장하는 분들의 논거인데 저희들이 전문가들

의 의견을 또 잘 들어서 하겠습니다"라는 무성의하고 무의미한 답변
으로 일관했다.

첫 번째 청신호와 절반의 성공

정부의 사업 축소 방침에 대응하기 위해서라도 개정안이 하루라도
빨리 통과돼야 했다. 법률 근거가 있어야 예산을 내놓도록 정부를 압
박할 수 있기 때문이다. 이를 위해 응급 의료 기금 사용을 연장하는
법안을 우선 만들었다. 응급 의료 기금은 도로교통법 위반 과태료나
범칙금 가운데 20퍼센트, 병원이 납부한 과징금 가운데 50퍼센트를
재원으로 삼아 운용되는 기금으로, 교통사고 피해자의 응급 의료 명
목으로 사용된다. 특히 과태료는 전체 기금 수입의 75퍼센트를 차지
하는 핵심 재원인데, 이를 사용할 수 있는 기간을 2010년부터 2012
년까지 3년으로 한정한 법률 때문에 2013년부터 기금 규모가 약
500억 원으로 축소될 예정이었다. 그렇게 되면 외상센터 지원금을
응급 의료 기금에서 충당하려던 계획도 틀어질 수 있었다.

예비 타당성 조사가 나오고 두 달 뒤인 2011년 6월, 주승용 의
원은 일단 기금 사용 기한을 연장하는 개정안을 발의했다. 동시에 권
역외상센터의 설립 근거를 마련하는 개정안도 준비에 들어갔다. 민주
당 정책위원회가 법안의 틀을 마련했다. 나는 이국종 교수를 비롯한
현장 전문가들의 의견을 청취하고 수렴해 내용을 채워 넣거나 수정했

다. 이 개정안은 최종 검토를 마치고 2011년 7월 13일 국회에 발의됐다. 당초 계획대로 6천억 원 규모의 사업을 진행하는 것을 전제로 외상센터의 요건을 상세하게 정의한 것이었다. 40개 이상의 중환자실과 80개 이상의 전용 병상 등을 갖추고, 권역외상센터 전용 영상 촬영 시설과 헬기 이착륙장을 마련하도록 하는 게 개정안의 요지였다.

> "선진국에 비해 외상 환자의 예방 가능 사망률이 크게 높은 우리나라에서 실효성 있는 외상 전문 진료 체계의 구축은 시급히 요구된다고 할 수 있는 바, 외상 전문 진료 체계 구축에 관한 법적 근거를 마련하고자 하는 개정안의 취지는 타당하다. 또한 국가 및 지방자치단체의 행정적·재정적 지원을 바탕으로 의료 기관의 참여를 유도하는 방식은 보다 효과적이다."[7]

개정안에 대한 국회 보건복지위원회 전문 위원 검토 보고서 내용 가운데 일부다. 개정안의 취지가 타당하고 효과적이라는 평가였다. 또한 보고서는 "외상 환자에 대한 치료는 다양한 인적 자원이 투입되어야 하고 환자 재원 기간도 길어지는 등의 문제로 인해 병원 경영에 주담을 주고 의료인에게도 위험 부담과 근무 강도가 높은 기피 대상으로 국가 차원의 적극적인 투자가 필요하다"고 덧붙였다. 국회 수석 전문 위원은 국회 사무처 소속의 차관급 공무원으로, 특정 정당이나 정부 및 이익단체의 영향에서 벗어난 독립적 위치에 있다. 때문에 전문 위원 검토 보고서는 국회의원들이 법률안을 심의할 때 가장 중요하게 활용하는 객관적인 자료이다. 전문 위원 검토 보고서가 개정안을 긍정적으로 평가한 것은 법률안 통과에 켜진 첫 번째 청신호였다.

논의는 착착 진행돼 2011년 11월, 두 개 개정안이 국회 보건복지위원회에 상정됐다. 상임위원회에 상정된다는 것은 해당 법률안을 본격적으로 심의하겠다는 의미이다. 한 달 뒤인 12월 27일, 법안은 빠른 속도로 보건복지위원회를 통과했고, 이후 법률안의 자구 등을 심사하는 법제사법위원회에서 다섯 달 정도 계류하다 5월 2일 의결됐다. 같은 날 국회 본회의에서 개정안은 재석 156인 중 찬성 153인으로 통과됐다. 여야가 함께 법안에 찬성한 것이다. 주승용 의원이 아주대병원을 처음 방문한 때로부터 1년 9개월 만에 거둔 쾌거였다. 이로써 응급 의료 기금의 사용을 연장하고 외상센터를 건립할 수 있는 법률적 근거가 마련됐다. 중증 외상 분야에서는 획기적인 전환점이었다.

하지만 온전한 성공은 아니었다. 법안 심의 과정에서 개정안 원안은 수정됐다. 특히 권역외상센터의 요건을 서술한 부분이 대거 삭제됐다. 정부가 국회 사무처에 의견을 제출했고, 사무처가 이를 받아들여 수정안을 만든 것이다. 원안대로 통과가 됐다면 처음 생각했던 6천억 원까지는 아니더라도 현재 정부가 권역외상센터 예산으로 편성한 2천억 원보다는 증액된 예산으로 외상센터를 건립할 수 있었을 것이다. 국회가 법률을 제정해 정부에 예산을 견인하는 것이다. 그만큼 원안에서는 권역외상센터의 규모와 요건을 상세히 규정하고 있었다. 하지만 이러한 구체적인 요건이 법률에서 삭제되고 대신 정부가 정하는 하위 법령에서 그 요건들을 규정하게 함에 따라 애초의 계획은 무산됐다. 외상센터를 만드는 근거 법률인 개정안이 빠르게 국회를 통과했다는 것은 고무적이었지만 절반의 성공이었다고 평가할 수밖에 없는 이유가 여기 있다.

최초 발의된 원안과 국회의 검토를 거친 수정안을 비교해 보면 국가 지원 문제와 외상센터의 요건, 이 두 가지 내용을 골자로 한다는 점에서는 같지만 구체적인 내용은 다르다.

우선 국가 지원과 관련해 원안에서는 외상센터에 대한 지원을 강행 규정으로 했지만 수정안은 임의 규정 형식을 택했다. 국가 지원은 강행 규정과 임의 규정 두 가지로 나뉘는데, 전자는 국가가 반드시 지켜야 할 의무인 반면 후자는 국가나 지방자치단체가 여건에 따라 지원을 할 수도 있고 하지 않을 수도 있다는 차이가 있다. 즉, 원안은 국민의 사망률을 낮추는 것을 국가가 적극적으로 떠안아야 할 의무로 보는 반면, 수정안은 그것을 국가의 선택에 맡기고 있다는 점에서 한계가 있다. 사실 이 차이는 실질적으로는 크지 않다. 강행 규정이든 임의 규정이든 근거 법률의 존재만으로도 정부는 예산을 배정하고 사업을 진행할 수밖에 없기 때문이다. 임의 규정이라고 해서 법률을 무시하고 외상센터에 지원을 하지 않는다면 정부는 비난받는 부담을

"응급의료에관한법률 개정안" 원안과 수정안 비교

구분	원안	수정안
국가 지원	제30조의4(**국가의 의무**) 국가는 국민의 중증 외상으로 인한 예방 가능한 사망률을 낮추기 위하여 권역외상센터와 지역외상센터를 행정적·재정적으로 **지원하여야 한다.**	제30조의4(권역외상센터 및 지역외상센터에 대한 지원) 국가 및 지방자치단체는 중증 외상으로 인한 사망률을 낮추고 효과적인 외상의료 체계를 구축하기 위하여 권역외상센터 및 지역외상센터에 대한 행정적·재정적 지원을 **실시할 수 있다.**
외상 센터 요건	제30조의2(권역외상센터의 지정) ② 권역외상센터는 다음 각 호의 요건을 갖추어야 한다. 다만, 제1호부터 제4호까지의 요건에 해당하는 인력·시설·장비 등은 권역외상센터에 전속한다. 1. 40개 이상의 중환자 전용 병상과 80개 이상의 전용 병상 및 4개 이상의 수술실과 4개 이상의 외상 환자 치료실 2. 외과, 정형외과, 신경외과, 마취과, 응급의학과, 흉부외과 및 방사선과를 포함한 7개 이상의 진료 과목을 갖추고 각 진료 과목마다 전속하는 전문의를 둘 것. 다만, 필수 진료 과목 외에 필요하여 진료 과목을 추가로 설치·운영하는 경우에는 그 진료 과목에 대하여 해당 권역외상센터에 전속하지 아니한 전문의를 둘 수 있다. 3. 전용 전산화 단층 촬영 장치 및 일반 촬영 시설 **4. 헬기의 이착륙장**	제30조의2(권역외상센터의 지정) ② 권역외상센터는 외상 환자에 대한 효과적인 응급 의료 제공을 위하여 다음 각 호의 요건을 갖추어야 한다. 이 경우 제1호부터 제5호까지의 규정에 따른 **구체적인 요건은 보건복지부령으로 정한다.** 1. 외상 환자 전용 중환자 병상 및 일반 병상 2. 외상 환자 전용 수술실 및 치료실 3. 외상 환자 전담 전문의 4. 외상 환자 전용 영상 진단 장비 및 치료 장비 5. 그 밖에 외상 환자 진료에 필요한 인력·시설·장비

안아야 한다. 그렇다 하더라도 강행 규정과 임의 규정의 차이는 정부가 중증 외상 문제를 바라보는 태도를 결정짓는다는 상징성을 띠고 있기에 아쉬움을 남겼다.

다른 한편, 수정안에는 원안에 명시된 외상센터의 요건이 대폭 축소된 형태로 반영되었다. 원안의 초안을 작성할 때 가장 중점을 두었던 부분이 바로 외상센터의 요건이었다. 40개 이상의 중환자 병상과 80개 이상의 일반 병상, 네 개 이상의 수술실 등을 외상 환자 전용으로 갖추도록 하고, 센터 전용 영상 촬영 시설과 헬기 이착륙장을 마련하도록 해 어느 정도 규모를 갖춘 외상센터의 밑그림을 그렸다. 또한 일곱 개 필수 진료 과목⁺의 전문의를 갖춰야 한다는 요건도 담았다. 이대로 원안이 법률로 확정되면 국제 수준의 위상을 갖춘 권역외상센터가 현실화될 수 있을 터였다. 법률안에 이처럼 세부 요건을 구체적으로 명시하는 것은 드문 일이었는데, 그만큼 당시 행정부를 국정 파트너로 신뢰할 수 없다는 판단이 반영된 것이었다. 그러나 수정안에서는 병상 및 수술실의 수와 진료 과목을 특정하지 않는 등, 외상센터의 요건이 원안에 비해 일반적이고 추상적으로 기술됐다. 무엇보다 헬기장도 제외됐다.

사실상 권역외상센터의 핵심 내용들이 빠진 수정안이 달가울 리

✚　일곱 개 필수 진료 과목 안에는 외과, 정형외과, 신경외과, 마취과, 응급의학과, 흉부외과, 방사선과가 포함됐다.

없었다. 고민에 들어갔다. 수정안을 받아들일 경우, 법률이 실제 만족할 만한 수준으로 현실화될 수 있을지 누구도 장담할 수 없었다. 일단 예산을 틀어쥔 기획재정부의 분위기가 결코 호의적이지 않았다. 그렇다고 원안을 고수한다면 국회 심의가 마냥 늘어질 게 뻔했다. 국회에서는 심의 과정에서 쉽게 조정하기 어려운 일이 있을 때 심의를 미루는 일이 많다. 최악의 경우 18대 국회가 끝날 때까지 결론이 나지 않으면 법안은 자동 폐기된다. 결국 주승용 의원은 대표 발의자로서 외상센터 건립을 위한 기초 법률을 서둘러 마련한다는 데 의의를 두기로 하고 수정안에 동의했다. 수정안은 국회 보건복지위원회를 통과해 다른 변동 사항 없이 국회 본회의 의결을 거쳐 2012년 5월 14일 공포됐다. 이제 남은 건 개정안을 구체적인 정책으로 옮겨 현실화하는 것뿐이었다.

대한민국은 의료사고 공화국?

병원
사용
설명서
5

2003년 A씨는 허리 통증과 다리 여러 곳이 아파(방사통) 병원을 찾았다가 허리 디스크 진단을 받았다. 6일 뒤 A씨는 디스크 수술을 받았다. 그런데 수술을 받고 난 뒤 곧바로 문제가 생겼다. 다리가 계속 당기고 저렸으며 감각이 떨어지는 증상이 나타났다. 허리에 시술한 인공 디스크와 나사못이 제 위치를 벗어나면서 신경을 압박했기 때문이다. A씨는 항문과 요도의 무감각, 발바닥 쓰림, 발바닥 감각 저하, 허벅지 감각 저하 등을 차례로 겪다 결국 보행 장애와 배뇨 장애 및 배변 장애 진단을 받았다. 법원은 디스크 수술로 인한 신경 손상을 인정하고, 해당 병원에 약 2억 4천만 원의 배상 판결을 내렸다.

이런 복잡한 수술만 의료사고를 부르는 것은 아니다. 주사 하나를 잘못 놓아도 문제가 생긴다. 2003년, 태어난 지 한 달 된 신생아에게 닥친 일이다. 이 아기는 피부염으로 병원을 찾았다가 항생제의 일종인 반코마이신을 맞았다. 식약청에 따르면 반코마이신은 생리식염수 등에 희석해 60분간 천천히 투여해야 한다. 하지만 병원 간호사는 1분 만에 정맥으로 주사했고, 주치의도 이를 제대로 확인하지 않았다. 결국 아기는 청력이 손상돼 청각 장애 2급 판정을 받았다. 법원은 병원의 과실과 사전 검사 미실시 등의 책임을 인정해 약 8천만 원을 배상하도록 판결했다.

골리앗과 싸우는 다윗에게 힘을!

해마다 국내에서 의료사고로 숨지는 사람은 약 4만 명으로 추정된다. 교통사고로 사망하는 사람의 여섯 배가 넘는 수다. 이조차 사망한 사람만을 대상으로 한 추정치일 뿐이다. 의료사고가 발생해도 환자나 보호자의 문제 제기가 없으면 원인 조사도 이뤄지지 않고 쉬쉬하며 넘어간다. 따라서 우리가 알고 있는 의료사고는 빙산의 일각일지도 모른다. 서울대 의대 김윤 교수는 "의사들은 의료사고를 둘러싼 '불편한 진실'을 알면서도 침묵하고 있다"고 말한다.[8] 환자나 보호자는 막상 의심을 할 만한 정황이 있어도 그것이 의료사고인지 아니면 현대 의학의 한계 때문에 발생한 불가피한 결과인지 판단하기 어렵다. 또 막상 의료사고라는 것을 인지한 경우에도 어떻게 대처해야 하는지 몰라 갈팡질팡한다.

다행히 병원과 의료사고 등으로 의료 분쟁이 발생하면 환자가 기댈 곳이 생겼다. 한국의료분쟁조정중재원(이하 의료중재원)이다. 2011년 3월 25일, "의료사고피해구제 및 의료분쟁조정 등에 관한 법률"이 18대 국회를 통과했고 2012년 4월 8일부터 시행에 들어갔다. 이 법률에 따라 의료중재원이 탄생했다. 의료 분쟁의 합리적 해결을 위해 입법이 추진된 지 23년 만에 거둔 성과였다.

의료중재원은 환자에게도 희소식이지만 병원에도 긍정적 효과를 줄 수 있다. 기존에는 법원을 통해 의료 소송을 하다 보면 평균 26.3개월이라는 긴 시간이 걸렸다. 반면 의료중재원은 조정 기간을 90일에서 최대 120일로 정해 분쟁 기간을 단축했다. 의료 분쟁 기간이 줄어든다는 것은 환자나 보호자뿐 아니라 소송 기간 동안 업무에 지장이 생길 수밖에 없는 의료인에게도 반가운 일이다. 비용도 절감된다. 조정 중재 신청 금액이 500만 원 이하인 경우에는 수수료가 2만 2천 원에 불과하고 장애인과 기초생활수급자는 이마저 감면된다.

의료중재원은 의료사고 감정부와 의료 분쟁 조정부로 나뉜다. 조정 신청이 접수되면 감정부는 의료사고 사실 조사, 진료 기록부 감정, 과실 유무 및 인과관계 규명, 후유 장애 판단 등에 있어 실체적 진실을 규명하며 조정 신청일로부터 60일 이내에 감정서를 작성해 조정부에 송부한다.

감정부가 검찰의 기능을 한다면 조정부는 법원의 역할을 맡는다. 조정부는 의료 분쟁에 대한 조정 결정과 중재 판정, 손해액 산정 등의 업무를 수행한다. 조정부는 감정서가 제출되면 30일 이내에 결과를 내놓아야 한다. 감정부와 조정부의 위원들은 의료인과 법조인, 소비자 권익 전문가 등으로 구성돼 전문성과 공정성을 담보한다.

조정부는 조정과 중재라는 두 가지 결과를 내놓을 수 있다. 조정이란 조정부가 조정안을 작성해 환자와 병원 양측에 권고하는 방식으로 이뤄진다. 양측이 서로 양보하고 동의하면 조정은 성립되고, 재판상 화해와 같은 효력으로 분쟁이 마무리된다. 중재는 양측 당사자가 의료중재원의 결정에 따르기로 합의한 뒤, 중재안에 따르는 방식이다. 중재는 확정 판결의 효력을 가진다.

어떻게 신청하나?

의료사고 피해자가 의료중재원에 조정 신청을 하기 위해서는 몇 가지 서류를 제출해야 한다. 먼저 본인 신분증이나 대리인인 경우 위임장이 필요하다. 또한 피해 사실 및 신청인의 주장과 배상 등에 대한 요구가 포함된 경위서를 적어서 제출한다. 병원에 진료 기록과 영상물, 검사 기록 등을 요청해 준비하고 진료비 영수증과 소득 자료도 챙긴다. 여기에 의료중재원이 제공하는 신청서를 작성해 함께 제출하면 된다. 의료중재원은 의료 분쟁과 관련된 무료 상담도 진행하고 있다. 유선전화(02-6210-0114)나 방문 상담을 통해 조정 신청에 대한 도움을 받는 것이 좋다.

만일 조정이나 중재 결정이 내려졌는데도 병원이 돈이 없어 환자에게 배상금 등을 지급하지 못하는 경우에는 대불 제도를 이용할 수 있다. 환자가 대불을 신청하면 의료중재원이 배상금을 선지급한다. 이후 의료중재원은 병원에 대해 구상권을 갖고 비용을 청구한다. 다만 의료중재원은 법이 시행된 2012년 4월 8일 이후 발생한 의료사고에 대해서만 다룬다. 그 이전에 발생한 의료사고는 한국소비자원 또는 대한법률구조공단의 도움을 받을 수 있다.

한편 손해배상의 소멸 시효 기간은 의료사고의 원인이 된 행위가 종료된 날부터 10년, 손해 및 가해자를 안 날로부터 3년 이내로 규정돼 있다. 이 기간을 경과하면 손해배상을 받을 수 없다는 점에 유의해야 한다.

3

보건복지부는 ...12년 1월
1일 인천길병원, ...북대병원,
단국대병원, 목... 대학병원,
원주기독병원 다섯 곳을 ...외상센터 지원
대상 병원으로 선정했다. 위 ...센터는 모두
외상센터로 선정된 병원이 환자... 맡기거나
해당 권역 내의 환자를 감당하지 ... 생겨서였
있돠이다. 반면 외상센터가 선정된 11월 1일... 터
2013년 2월 20일까지 112일 동안 경기도가 아닌 타
지역에서 아주대병원으로 전원된 환자는 31명이었다.
외상센터에 선정된 병원에서 버림받은 이 환자들은
외상센터에서 탈락한 아주대병원에서 모두 살아났다.
국고 지원을 받는 외상센터가 떠넘긴 환자를 그 사업에 신청했다가
탈락한 아주대병원이 받아들여 살려 낸 것은 아이러니한 일이다.
국가가 외상센터 사업에 두 팔 걷어붙이고 나선 것이 애초에 환자
떠넘기기가 중증 외상 분야에서 워낙 빈번하게 일어난다는 문제 의식에서
있는데, 그런 사업이 시작부터 배려지린 것이다. 중증 외상 환자를 치료하는
일에 전력을 다해야 할 병원들이...

p167~p242

중증 외상에
헬기를 띄워라!

의료는 무엇 때문에 존재하는가? 의사나 의료 기관의 수익을
극대화하기 위한 수단인가? 본질적으로 따졌을 때, 환자들과
그들이 겪는 고통이 의사와 병원과 그 투자자들을 위해
존재하는가? 아니면 의사와 그들이 종사하는 의약 산업 전체가
환자들을 치료하고 인간의 고통을 경감시키기 위해 존재하는가?

리처드 건더먼Richard B. Gunderman , "의료와 부富의 추구Medicine and the
Pursuit of Wealth" 가운데

폴 파머, 『권력의 병리학』(김주연 · 리병도 옮김, 후마니타스, 2009)에서 재인용

6장

환자를 위한
자리는 없다

2013년 3월 1일, 진영 신임 보건복지부 장관의 첫 대통령 업무 보고
는 "대통령님께 장관으로서 업무 보고를 드리게 된 데 대해 표현할 수
없는 가슴 벅찬 감동을 느낍니다"라는 말로 시작됐다. 『한겨레』는 복
지부 고위 관계자의 말을 인용했는데, 그에 따르면 "첫 업무 보고라
대통령이 '군기'를 잡지 않을까 긴장했는데, 진 장관이 대통령의 핵심
측근이어서 그런지 질책 등은 없었다", "박 대통령이 정책의 의미를
잘 이해하고 있었고 분위기도 좋았다"고 했다.[1]

한편, 첫 업무 보고에 앞서 권역외상센터 설립과 관련된 보건복
지부의 계획에 중요한 변동이 있었다. 보건복지부는 5년마다 응급 의
료 전반에 대한 중장기 계획인 '응급의료기본계획'을 확정하게 돼 있
는데, 2013년 2월 새롭게 계획을 수립하는 과정에서 기존에 2020년
까지 중증 외상 환자 예방 가능 사망률을 20퍼센트 미만으로 줄이겠

다는 목표가 2017년까지 달성해야 할 목표로 변동된 것이다. 느닷없이 목표 달성 시기가 3년이나 앞당겨졌다. 6천억 원이었던 예산을 3분의 1 수준으로 줄이면서도 예방 가능 사망률 20퍼센트라는 목표치를 고수한 것도 터무니 없는 일이었는데, 여기에 더해 3년을 아무런 근거도 없이 앞당기겠다고 자신한 것이다. 보건복지부에 기간을 단축한 이유를 문의해 보니 "공격적으로 목표를 설정한 것"이라는 답변이 나왔다. 예산을 더 투입하겠다는 것도 아니고 의료인의 수급을 원활히 할 다른 방법이 있는 것도 아니었다.

예방 가능 사망률을 2020년까지 낮추겠다는 원래 목표는 근거 없이 나온 수치가 아니다. 정부 예산이 한정된 탓에 사업 첫 해부터 전국에 17개 외상센터를 동시 지정하는 것은 무리였다.[*] 따라서 3개년 동안 순차적으로 외상센터를 지정하기로 했다. 각 외상센터가 자리를 잡는 데 필요한 최소한의 물리적 시간을 계산해 나온 것이 2020년이었던 것이다. 또한 외상 환자를 치료할 수 있는 의사나 간호사 등의 전문 인력을 최소한의 수준으로 육성하는 데만도 최소 5년이 필요하다는 계산이었다. 의료계에서는 오히려 단순히 숫자 채우기 식 인력 확보로는 안 된다며 의료의 질적 수준을 담보하기 위해서는 5년도

---

[*] 보건복지부의 외상센터 사업 계획은 애초 외국의 레벨 1 외상센터에 준하는 권역외상센터 여섯 곳을 설립한다는 계획이었지만 기획재정부의 예비 타당성 조사 후에 사업 규모를 축소하면서 소규모 외상센터 스무 곳을 순차적으로 설립한다는 계획으로 바뀌었다가 17곳을 설립한다는 계획으로 최종 확정되었다.

부족하다고 내다보았다.

　이처럼 무리하게 목표 달성 시기를 변동한 이유가 무엇인지 짐작 가는 바가 없지는 않다. 2017년은 박근혜 정부 5년차가 되는 해다. 새 정부 임기 내에 목표를 달성하지 못하는 중장기계획은 모양새가 좋지 않다고 판단했을 수 있다. 이 때문인지 박근혜 대통령을 상대로 한 보건복지부의 첫 업무 보고에서는 '이러한 목표를 언제까지 달성하겠다'가 아닌 '이런 일이 추진되고 있다' 정도의 상황 보고만 이뤄졌다. 어쩌면 보건복지부는 2018년 새 정부가 출범해 첫 업무 보고를 하는 자리에서도 해당 정권의 임기가 마무리되는 2022년까지 예방 가능 사망률을 20퍼센트 미만으로 낮추겠다고 보고할지 모른다. 이런 식으로 정권은 관료에게 농락당한다.

　정책 집행 기관에 만연한 무책임과 보신주의는 누구도 책임지지 않는 구조 탓이 크다. 장관은 언제든 바뀔 수 있고 정부 공무원도 한두 해 지나면 보직이 변경된다. 정책의 실효성을 평가할 만한 시기가 되면 책임자인 차관도 몇 차례 바뀐 뒤일 테고 실장과 국장도 몇 번씩 자리를 옮기거나 개중엔 퇴직한 이도 있을 것이다. 공수표 같은 정책을 남발한다 해도 누구도 책임지지 않는다. 이런 폐단 때문에 정책 실명제가 대안으로 거론되기도 한다. 그러나 실명제가 실시된다 할지라도 장차관급의 결정권자는 이미 자리를 비운 뒤이기 때문에 권한이 적은 실무자인 과장이나 사무관에게만 올가미로 작용할 것이다. 관료 사회의 문제는 어제오늘 일이 아니지만, 특히 시간이 지난 뒤 책임을 묻기 어려운 구조는 정부가 눈앞의 상황만 피하고 보자는 미봉책을 내놓는 원인이 되고 있다.

관료와 전문가의 은밀한 동거

"응급의료에관한법률 개정안"은 국회를 통과했지만, 법률이 만들어졌다고 해서 일이 마무리되는 것은 아니다. 법률에서 정한 일을 수행하기 위해 정부는 대통령 등이 정하는 시행령과 장관이 정하는 시행 규칙 같은 하위 법령을 만들어 운용한다. 또한 그보다 아래의 고시를 만들거나 해당 사업의 구체적 일정이나 선정 방식, 사후 관리 등을 포함한 사업 계획서를 작성해 일을 추진한다. 개정안이 시행됨에 따라 보건복지부가 작성한 '권역외상센터✚ 설치 지원 계획'(이하 사업 계획서)도 그러한 사업 계획서의 일종이다. 어떤 병원을 외상센터로 선정할 것인지, 어떤 방식으로 얼마큼 예산을 지원할지 등이 그려진 구체적인 설계도라 할 수 있다.

사업 계획서를 보면 보건복지부는 2012년부터 2015년까지 4년

✚ 미국의 중증 외상 의료 체계는 넓은 지역을 포괄하는 레벨 1 외상센터(권역외상센터)와 그보다 좁은 지역을 포괄하는 소규모의 레벨 2 외상센터(지역외상센터)가 유기적으로 작동하는 체계다. 애초에 전국을 여섯 개 권역으로 나누고 각 권역에 외상센터를 설립하기로 계획을 세웠을 때는 미국의 레벨 1 규모의 외상센터를 염두에 둔 것이었다. 하지만 사업 규모가 축소되면서 현재 '권역외상센터'라고 부르는 센터의 규모는 레벨 1 외상센터와 레벨 2 외상센터의 중간 규모라고 보면 된다.

동안 총 열다섯 개 외상센터를 지정하기로 했다. 여기에 다른 지원 사업을 통해 이미 외상센터를 운영하고 있는 부산대병원과 이전을 앞둔 국립중앙의료원에 설치된 외상센터를 합하면 모두 열일곱 개가 된다. 2012년에는 다섯 곳, 2013년과 2014년에는 각각 세 곳, 2015년에는 네 곳이 외상센터에 선정될 예정이다.

일단 외상센터에 선정되면 그 병원에는 정부가 예산을 지원한다. 병원 한 곳당 중환자실 스무 병상을 신설하는 데 드는 비용과 장비를 구입하는 비용이 80억 원, 인건비 등으로 사용할 수 있는 운영비가 최소 7억 2천만 원에서 최대 27억 6천만 원까지 지원된다. 최대로 지원받으면 전문의는 스물다섯 명까지 충원할 수 있다. 아울러 환자가 많은 외상센터의 경우에는 중환자실을 더 늘릴 수 있도록 시설비 67억 원이 추가 지원된다. 병원 한 곳이 최대로 지원받을 수 있는 금액을 모두 합하면 174억 6천만 원이다. 다만 외상센터에 들어가는 모든 비용을 정부가 지원하는 건 아니다. 사업에 참여하는 병원도 중환자실 간호 인력과 일반 병상 증설 및 운용, 혈관 조영실 같은 전용 영상 장비 구비 등에 들어가는 비용은 스스로 마련해야 한다. 이 정도 규모라면 세계적 수준은 아니지만, 환자를 치료하고 전문 인력을 양성할 최소한의 환경이 갖춰지는 셈이다.

문제는 어느 병원을 외상센터로 선정할지를 결정하는 선정 방식에서 드러났다. 사업 계획서의 하위 계획인 "2012년도 중증외상센터 선정을 위한 평가단 구성 및 운영 계획"(이하 평가단 운영 계획)이 그것이다. 2012년 8월 만들어진 평가단 운영 계획에는 외상센터를 배치할 권역을 구분하고, 외상센터에 지정되는 병원을 선정하며, 이를 위해 각 병원을 평가할 방법을 결정하는 등의 실질적이고 핵심적인 절차가 포함됐다. 보건복지부가 구성한 평가단이 평가단 운영 계획에 따르는 권한을 행사했다. 평가단이 외상센터 선정과 관련한 거의 모든 권한을 갖게 된 셈이다. 따라서 평가단의 구성에 공정성과 전문성을 충분히 담보하느냐가 중요할 수밖에 없었다. 그러나 평가단 위원들의 면면을 볼 때 공정성은 물론 전문성을 반영하겠다는 보건복지부의 의지는 찾아볼 수 없었다.

먼저 평가단을 운영할 때 공정성을 확보할 수 있는 안전판을 마련하는 데 실패했다. 평가단 운영 계획에 따라 평가 위원은 정부 공무원이 아닌 민간 위원으로 구성됐다. 보건복지부의 평가 위원 위촉 과정은 다음과 같았다. 우선 의료단체를 포함한 일곱 개 단체[+]에 평가 위원을 추천해 달라고 요청했다. 이 단체들로부터 3배수로 추천을 받은 인사들 가운데 보건복지부는 〈한국보건정보통계학회〉, 〈한국공인회계사회〉, 〈대한외상학회〉, 세 개 단체가 제출한 추천인 명단만을 참고해 그중 아홉 명을 평가단 위원으로 위촉했다. 어떤 기준으로 위원

[+] 일곱 개 단체로 〈대한외상학회〉, 〈한국보건행정학회〉, 〈한국보건사회연구원〉, 〈한국병원경영학회〉, 〈병원경영연구소〉, 〈삼성경제연구소〉, 〈한국공인회계사회〉가 있다.

들을 선정했는지, 배제된 단체가 추천한 위원 후보는 왜 위촉되지 않았는지 등에 대해 보건복지부는 설명하지 않았다. 그러나 이는 통상적으로 정부가 행사할 수 있는 권한과 재량 안에 있다고 볼 여지도 있다. 정부가 특정 단체나 후보를 배제한 사유를 밝힌다면, 당사자들이 뜻하지 않은 마녀 사냥을 당할 수 있기 때문이다.

문제는 정부와 의료계 외에 공공 의료의 또 다른 한 축을 담당하고 있는 환자(소비자)의 목소리가 반영될 통로가 마련되지 못했다는 것이다. 이는 평가단 구성에서 시민단체가 철저하게 배제된 것으로 확인할 수 있다. 정부 위원회는 보통 전문가 집단 말고도 시민단체 등 관련 사안에 영향을 받을 수 있는 다양한 층위의 사람들로 구성된다. 전문가는 정책의 전문성을 높일 수 있다는 점에서, 시민 단체는 일반 국민의 목소리를 정책에 반영한다는 점에서 정부 위원회 구성에 중요한 역할을 한다.

특히 보건 의료 분야처럼 서비스 공급자와 소비자 간의 지식 격차가 다른 분야에 비해 큰 경우 소비자의 의사를 정책에 반영하기가 어렵다. 의사 결정을 하기 위해서는 최소한의 배경 지식이 필요한데, 의료 분야는 전문성이 높아 소비자의 적극적인 의사 표명이 제한된다. 따라서 전문성을 갖추고 있으면서 동시에 민의를 반영할 수 있는 시민단체의 참여가 더 중요하다. 보건 의료 시민단체들은 전문적인 지식을 바탕으로 소비자의 입장을 대변한 경험이 많다. 환자가 주축이 된 〈한국환자단체연합회〉가 있는가 하면, 의사들이 모여 만든 〈인도주의

실천 의사협의회〉, 보건의료 전문가들이 모인 〈건강세상네트워크〉 등, 수십 개의 다양한 단체가 개별적으로, 또는 연대하여 목소리를 낸다. 이들은 정부의 보건 의료 정책에 좋은 파트너가 될 수 있는 요건을 충분히 갖추고 있고 그러한 경험도 많다.

그러나 외상센터 선정을 위한 평가단에는 시민단체를 위한 자리가 없었다. 위원장을 포함해 총 아홉 명 가운데 일곱 명이 의사로 채워졌다. 남은 두 자리는 평가 기준을 마련하기 위해 통계학자와 회계사에게 돌아갔다. 물론 보건 의료 정책에서 의사가 차지하는 비중은 무시하지 못한다. 그러나 의료 행위를 결정하는 것과 의료 정책을 결정하는 것은 다르다. 질병을 진단하고 치료하는 등의 의료 행위에 있어 의사는 전문가로서 존중받아야 하고, 누구도 이러한 권한의 행사를 부당하게 침범해서는 안 된다. 그러나 의료 정책에서는 비전문가의 의견도 적극적으로 수용해야 한다. 정책은 전 국민에게 영향을 미치기 때문에 정부는 사회 구성원의 의사가 고르게 정책에 반영될 수 있도록 논의 테이블을 구성해야 할 책임이 있다.

사실 보건복지부가 시민단체를 의사 결정 과정에서 배제한 것은 어제오늘 일이 아니다. 그리고 이는 보건복지부만의 문제도 아니다. 행정부의 경직된 조직 문화는 시민단체의 비판을 견디지 못한다. 그래서 시민단체를 아예 참여시키지 않거나 꼭 필요할 경우에는 친정부적인 단체를 구색 맞추기 식으로 끼워 넣는다. 보건복지부의 경우 아예 정부에 호의적이지 않은 시민단체를 위원회에서 내쫓고 그 자리에 친정부 단체나 어용 단체를 들어앉힌 전력이 있다. 건강보험정책심의위원회(이하, 건정심)는 국민건강보험과 관련된 주요 문제를 결정하는 최고 의결 기구이며 각계의 대표 단체가 참여하는 사회적 합의 기구이기도 하다. 암 환자의 병원비를 낮추고 약값을 정하거나 국민이 매달 납부하는 건강보험료를 인상하거나 동결하는 등, 국민이 피부로 느끼는 중요한 정책을 논의하는 위원회인 만큼 가입자 단체와 공급자 단체, 공익 대표, 각 여덟 명씩을 고루 참여시켜 건강보험 정책을 결정한다.

그런데 보건복지부는 지난 2010년 〈경제정의실천시민연합〉(이하, 경실련)을 건정심 위원에서 퇴출시키고 그 자리를 〈바른사회시민회의〉로 채웠다. 보건 의료 분야 활동 실적으로 보나 대표성으로 보나 이해할 수 없는 결정이었다. 〈경실련〉과 〈바른사회시민회의〉의 보건 의료 분야 활동을 비교하면 〈경실련〉의 경우 2002년부터 2009년까지 246건의 관련 사안을 꾸준히 제기해 온 반면, 〈바른사회시민회의〉의 경우 보건 의료 분야 관련 활동은 단 아홉 건에 불과했다. 무엇보다 〈바른사회시민회의〉 출신으로 새 위원이 된 김원식 건국대 교수는 민간 의료보험 활성화뿐 아니라 영리 병원 허용을 강력하게 주장해 온 인물이다.[2] 당시 이명박 정부가 영리 병원 등 의료 민영화를 추진해 이를 국가 성장 동력으로 삼고자 했다는 점에서 쓴소리를 하는 시민단체 대신 친정부 단체를 들어앉힌 것이라 할 수 있다. 또한 공익 위원으로 있던 경북대 의대 박재용 교수 대신 한양대 의대 사공진 교수가 자리를 채웠다. 사공진 교수는 건강보험의 근간인 당연지정제를 폐지하고 민간 의료보험 규제 완화를 주장한 인물이다. 국내 의료 기관은 국민건강보험에 의무적으로 가입해야 한다. 이러한 당연지정제를 폐지하고 민간 의료보험을 활성화하자는 주장은 소위 '의료 민영화'의 핵심이다.

여기서 그치지 않았다. 보건복지부 산하 기관인 국민건강보험공단의 재정운영위원회에서도 같은 해 9월, 〈경실련〉과 〈참여연대〉 대신 〈늘푸른희망연대〉가 위원 명단에 이름을 올렸다. 〈늘푸른희망연대〉는 2007년 대선 당시 '이명박과 아줌마 부대'라는 이름으로 활동하던 이명박 전 대통령의 사조직으로 국민건강보험 가입자를 대변할 만한 대표성도 없고 보건 의료 분야와 관련해 최소한의 전문성도 갖추지 못한 단체다. 정부 비판적인 단체는 활동이 활발하더라도 내쫓고 대신 전문성 여부와 상관 없이 정부 입맛에 맞는 단체를 들어앉힌 것은 그 의도가 불순하다. 보건복지부는 건정심과 재정운영위원회에 친정부 단체와 인사 들을 대거 포진시킴으로써 국민의 목소리를 반영하지 않고 정부의 입장만을 일방통행으로 강행하겠다는 속내를 내보인 것이다.

외상센터 평가단 구성에서 시민단체가 배제된 것은 이러한 보건복지부의 태도가 일관성 있게 적용된 결과라 할 수 있다. 외상과 관련된 문제의 핵심은 의료 공급자인 병원이 환자를 떠넘기는 것에 있다. 이 상황에서는 의사들 대부분도 병원에 고용된 입장에서 외상 의료 체계 개선에 대해 많은 목소리를 내지 못한다. 의사가 가진 전문성으로 시장의 논리를 완전히 극복할 수 없는 것이다. 의료 공급자인 병원이 스스로 외상 관련 의료 서비스의 부재를 적극적으로 해결하겠다는 의지를 내보이지 않는 이상, 외상센터라는 대안이 논의되는 자리에는 병원 경영에 대해 쓴소리를 낼 수 있는 공익의 대변자가 필요하다. 하지만 이번 외상센터 선정에 있어서도 보건복지부는 이 같은 본질을 외면하고 말았다.

평가단은 공정성뿐만 아니라 전문성을 확보하는 데도 실패했다. 보건복지부는 평가단 위원이 누구인지 철저히 비밀에 부쳤는데, 의료계 인사들에게 교차 확인해 파악한 바에 따르면 의사 출신 평가 위원 일곱 명 가운데 외상 전문가라고 할 수 있는 사람이 거의 없었다. 평가단 위원장은 외과 의사이긴 하나 현장보다는 병원 경영의 전문가로 통한다. 그는 병원계의 이익을 대변하는 〈병원협회〉 회장을 역임한 현직 병원장이다. 다른 평가단 위원 가운데 외과 의사 두 명은 외상 환자 수술은 물론 일반 외과 수술 경험도 많지 않았다. 그 밖에 대부분의 다른 의사들도 한 명을 제외하고는 외상의 실태와 현장의 문제점에 정통한 전문가로 보기 어려웠다.

사실 평가 위원의 면면을 파악하는 것부터가 어려운 일이었다. 보건복지부는 끝까지 평가 위원들의 성명과 이력을 공개하지 않았을 뿐만 아니라 평가단 회의록조차 작성하지 않았고 녹취 또한 남겨 두지 않았다. 국회가 예산 지출의 적정성을 판단하기 위해 자료 제출을 요구했으나, 한 쪽 분량의 회의 결과 보고서를 제외하고는 모든 자료의 제출을 사실상 거부했다. 보고서라고 해 봐야 결정된 사안만 나열돼 있어 누가 어떤 결정을 내린 것인지조차 확인할 수 없었다.

국회의 경우에는 모든 회의를 속기록으로 남기고 상임위원회와 본회의 등은 영상으로도 기록한다. 이에 비해 실제 정책을 집행하는 기관인 정부나 정부 위원회에는 비밀주의가 만연하다. 위원회 구성 시 실명 등을 공개하면 대부분의 외부 전문가가 참여를 꺼린다는 게 이유다. 그러나 실명 공개는 위원회에서 이뤄지는 발언에 책임을 지게 하는 최소한의 장치다. 그런 최소한의 책임조차 거부하는 전문가라면 아예 정책 결정 과정에 참여하게 해서는 안 된다.

정부 정책을 결정하는 공적인 자리가 전문가주의의 폐쇄성에 갇히지 않으려면 좀 더 공개적이고 투명한 의사 결정이 이뤄져야 할 것이다. 정부의 회의 안건과 회의 자료를 포함해 의사 결정 과정을 그대로 기록한 속기록을 남기고 이 자료들은 공개를 원칙으로 해야 한다. 정부의 정책 결정 과정은 그 자체가 하나의 역사라는 점에서도 이러한 기록과 공개의 원칙은 꼭 지켜져야 한다.

누구를 위한 각본인가?

행정 비밀주의는 단지 회의 내용이나 회의 참석자들을 숨기는 데만 머물지 않고 외상센터 선정 과정 전체를 의혹에 휩싸이게 만들었다. 먼저 보건복지부는 외상센터 선정이 공정하게 이루어졌는지를 보여 주는 평가 결과를 공개하지 않았다. 각 병원이 어떤 세부 항목에서 어떤 점수를 받았는지를 기록한 점수표를 감춘 것이다. 병원이 보건복지부에 제출한 사업 계획서도 제한적으로만 공개했다. 이 사업 계획서는 외상센터 선정을 위한 기초 자료로, 각 병원이 지금까지 중증 외상 환자를 치료한 실적, 즉 환자의 사망률 등이 포함되어 있어 그동안 중증 외상 분야에 대해 해당 병원이 얼마큼 관심을 기울였는지 확인할 수 있는 자료다. 때로는 병원들이 이러한 실적을 부풀려 보고하기도 해 꼼꼼한 검토가 필요한 자료기도 하다. 실제로 보건복지부가 표본 조사한 결과 그간의 실적을 부풀린 병원이 두 곳이나 적발됐다.

이처럼 중요한 자료를 보건복지부는 예산 심의가 시작되기 불과 몇 시간 전에 열람만 가능하게 했다. 총 열 개 병원이 제출한 책자 형식의 사업 계획서는 권당 수백 쪽에 달하는 두툼한 분량이었다. 한눈에 봐도 자료 제출을 거부했다는 비판을 교묘히 피해 보려는 속셈이었다. 보건복지부가 내놓은 변명은 사업 계획서가 해당 병원의 지적 재산이기 때문에 국회 제출이 어렵다는 것이었다. 그러나 이는 거짓말이다. 2012년 소아 응급실 사업에 참여한 이화여대 부속 목동병원과 서울아산병원의 사업 계획서를 별 말 없이 국회에 공개한 선례가 있기 때문이다. 외상센터 사업과 소아 응급실 사업은 모두 보건복지부 응급의료과의 사업이다. 동일한 부서에서 유사한 성격의 자료를 하나는 공개하고, 다른 하나는 무슨 이유에서인지 공개하지 않기로 결정한 것은 쉽게 납득할 수 없는 일이다.

보건복지부의 의도가 무엇이든, 그런 문서들을 감추는 것은 무책임할 뿐만 아니라 정부의 예산 집행을 감시할 국회의 권한을 침해하는 행위이다. 국회가 국가 예산이 투입되는 사업에 선정되기 위해 제출한 문서들을 최종적으로 검증하는 건 적법한 절차다. 정부의 밀실 행정을 막기 위해 현행 법률은 외부의 견제가 이뤄질 수 있도록 몇 가지 절차를 규정하고 있다. 예를 들어 "국회법"에 따라 국회는 정부에 자료를 요청할 수 있으며, 언론과 일반 국민 또한 "공공 기관의 정보 공개에 관한 법률"에 따라 정당하게 자료를 요구하고 받을 수 있다. 하지만 위와 같은 경우처럼 현실에서는 적법한 제도가 무력해질 때가 많다. 정부가 귀를 닫고 모르쇠로 일관하면 방법이 없다. 국회의 자료 요구는 물론, 국민의 정보 공개 청구에 대해서도 비공개 문서라며 공개하지 않는 일이 빈번하다.

정부가 자료들을 공개하기로 했는지 안 했는지는 어쩌면 그리 중요한 문제가 아닐지 모른다. 실제 사업이 어떤 과정을 거쳐 어떤 결론으로 이어졌는지가 더 중요하다. 회의록조차 공개되지 않은 상황에서 정황을 소상하게 파악하기는 어렵지만 보건복지부가 유일하게 제출한 한 장의 보고서와 평가단 관계자들의 말을 통해 유추해 보건대, 평가단 회의는 처음부터 묘한 분위기로 흐르고 있었다.

외상센터에 최초로 선정되는 다섯 개 병원은 사업에 우선 참여한다는 이점이 있고, 이로 인해 추가 예산을 확보하는 데도 유리한 입장에 서기 때문에 2012년 사업에는 많은 병원들의 관심이 쏟아졌다. 평가단은 사업에 참여한 병원들을 심사할 기준을 마련하고 그 기준을 적용해 실질적으로 외상센터로 지정될 병원을 선정할 권한이 있었다. 2012년 한 해 동안 활동하고 말 위원회이긴 하지만 이들이 만든 평가 기준의 골격이 다음 해에도 준용될 수 있다는 점에서 당장 사업에 참여하지 못하는 병원들까지 이들 평가단의 행보를 주목했다.

평가단 첫 번째 회의는 2012년 8월 14일에 열렸다. 이날 주요 안건은 두 가지였다. 다섯 개 외상센터가 들어설 권역을 나누는 안건과 평가 기준과 관련된 안건이었다. 먼저 권역을 나누는 일은 후보 병원에도 민감한 문제였다. 2012년 사업의 경우 권역응급의료센터를 운영하는 병원만 권역외상센터 사업에 지원할 수 있었는데 유력한 병원들이 한 권역으로 묶이면 권역 내 경쟁이 치열해질 것은 자명했다. 권역 설정 초안은 보건복지부가 작성했다. 보건복지부는 전국을 네 개 권역으로 나누었다. 1권역은 수도권과 강원도, 2권역은 충청도, 3권역은 호남과 제주, 4권역은 경북이었다. 1권역은 인구가 가장 밀집된 지역이니만큼 외상센터 두 곳을 지정하기로 하고 나머지 권역은 모두 한 곳씩 지정하기로 했다. 문제는 1권역이었다. 1권역에서 외상센터에 지원할 자격이 있는 병원은 경기 남부의 아주대병원, 경기 북부의 의정부성모병원, 인천길병원, 강원도의 원주기독병원,

모두 네 곳이었다. 서울은 이미 이전을 앞둔 국립중앙의료원에 권역 외상센터를 설치할 계획으로, 다섯 개 권역에서 제외되었다. 보건복지부는 1권역의 세부 권역을 나눌 두 가지 방안을 평가단에 제안했다. 첫 번째 안은 인천 지역과 경기 북부를 하나로 묶고 강원도와 경기 남부를 하나로 묶는 것이었다. 두 번째 안은 인천과 경기 남부, 강원도와 경기 북부로 나누는 것이었다. 평가단은 두 번째 안을 택했다.

하지만 이러한 권역 구분은 전형적인 탁상행정이라 할 수 있다. 단순하게 각 지역 인구수를 따져 보면 인천은 약 300만 명, 경기 남부는 약 900만 명, 경기 북부는 약 300만 명, 강원도는 약 150만 명이다. 두 번째 안대로 인천과 경기 남부의 인구를 더하면 1,200만 명이다. 이는 강원도와 경기 북부 인구를 합한 수 450만 명을 훨씬 웃돈다. 똑같이 중환자실 병상은 20개인데, 인구가 이처럼 큰 차이를 보일 경우 한쪽은 넘치는 환자를 감당하지 못하고 다른 한쪽은 환자가 없어 외상센터 설립의 의미가 퇴색될 수 있다.

애초부터 인천과 경기도, 강원도를 하나로 묶는 것이 무리였다. 특히 경기 남부는 인천과 경기 북부에 비해 인구가 세 배나 많은 지역이다. 사업 추진 단위로서 평가단이 적절한 책임감과 비판적 태도를 가지고 있었다면 보건복지부의 권역 설정 자체를 문제 삼았어야 한다. 2017년까지 순차적으로 전국에 외상센터를 건립한다는 사실을 감안하면, 인구가 많고 사고가 많은 곳에 외상센터를 우선 건립하는 것이 국가 전체 사망자수를 감소시킬 수 있기 때문이다.

권역 설정에서 소극적인 자세로 일관했던 평가단은 외상센터 선정 평가 기준을 마련하는 데서는 느닷없이 적극성을 보였다. 보건복지부가 평가단에 제출한 평가 기준의 초안을 보면 실적 평가에 할당된 점수가 80점, 계획 평가에 할당된 점수가 20점이었다. 실적 평가란 말 그대로 각 병원이 그동안 중증 외상 문제에 얼마나 적극적인 개입 의지를 보였는지, 중증 외상 환자들을 얼마나 잘 치료했는지, 혹시 환자 떠넘기기를 하지 않았는지 등의 성과를 토대로 평가하겠다는 것이다. 따라서 실적 평가는 객관적인 자료로 얼마든지 검증 가능하다는 장점이 있다. 중증 외상 환자 이송 횟수, 치료 횟수, 퇴원율 등이 그 토대가 된다.

　　반면 계획 평가는 평가 기준 자체가 모호할 수밖에 없다. 각 병원들이 지금까지 중증 외상 문제에 관심을 기울였든 기울이지 않았든, 외상센터에 선정만 된다면 앞으로 잘 하겠다는 다짐들을 평가하는 것이기 때문이다. 주로 향후 의사와 간호사 등의 의료 인력을 어떻게, 얼마나 확충할 계획인지, 수술실과 중환자실 마련 방안은 무엇인지, 어떤 의료 장비를 어떻게 갖출 것인지 등과 관련된 내용이 계획 평가의 대상이 된다. 계획의 현실성이나 구체성을 바탕으로 평가하는 것이야 가능하겠지만, 아무래도 실적 평가에 비해서는 객관성이 떨어지는 게 사실이다.

　　결과적으로 평가단은 80점을 할당했던 실적 평가 점수를 60점으로 낮추고, 계획 평가는 20점에서 40점으로 높였다. 객관적 평가보다는 평가단의 권한과 재량을 확대하려는 의지가 더 두드러진 대목이다. 세부 항목에서도 평가단은 평가의 임의성을 증대시키는 방향으로 초안을 수정했다. 평가 기준 초안에서는 계획 평가 20점 가운데 정량 평가가 90퍼센트, 정성 평가가 10퍼센트였다. 정량 평가는 숫자와 통계로 입증되는 객관적 평가이고, 정성 평가는 평가단 위원들의 판단이 작용하는 주관적 평가이다. 평가단은 정량 평가를 60퍼센트로 줄이고, 정성 평가는 40퍼센트로 대폭 늘렸다. 점수로 보자면, 평가단이 주관적으로 부여할 수 있는 점수가 2점에서 16점으로 여덟 배 늘어났다.

세부 평가 기준으로 들어가면 문제점을 구체적으로 확인할 수 있다. 평가 기준을 임의적으로 조정한 것이다. 1차 회의가 끝나고 8일 뒤인 8월 22일, 평가단 2차 회의가 실시됐는데, 여기서 평가단은 정량적으로 평가할 수 있는 수술실, 시티 촬영실 및 혈관조영실, 전용 중환자실 유무 등을 정성적 평가 대상으로 바꿔 버렸다. 필요한 시설이나 장비 기준을 정해서 이를 충족하면 높은 점수를 주고 부족한 항목에 대해서는 점수를 깎는 등, 객관적으로 평가할 수 있는 부분을 굳이 평가단 위원들의 재량에 맡긴 것이다. 이 세부 평가 항목은 100점 만점에서 10점을 차지하기 때문에 그 비중을 무시할 수 없다. 일례로 현재 보유하고 있는 전문의와 간호사 등 의료 인력이 충분한지 여부에 대한 배점이 4점인 것에 비춰보면, 이 세부 평가 항목의 배점이 매우 높은 것을 알 수 있다.

평가 기준을 충족시켰는지를 판단하기 위해 사용하는 지표가 잘못 설정되거나 혹은 필요한 지표들이 모호하게 규정되는 일도 많았다. 평가단은 그동안 병원들이 진료한 실적을 평가하는 지표로 골든타임 준수 여부를 확인했는데 응급실에서 수술실, 또는 중환자실까지 이동에 걸린 시간이 짧을수록 높은 점수를 주었다. 언뜻 보면 사고 발생에서 수술이나 집중 치료가 시작되기까지를 골든타임으로 보고 있기 때문에 골든타임의 사전적 정의를 충실하게 따른 것처럼 보인다. 그러나 한국의 외상 의료 체계의 현실과 문제점을 평가단이 제대로 인지하고 있었다면 이런 지표가 오히려 환자 치료에 의지가 있는 병원에 불이익을 줄 뿐이라는 것을 알았을 것이다. 이 지표로 실적을 평가하게 되면, 환자를 기피하는 병원이 이득을 보게 되기 때문이다.

"한계에 다다른 병실 상황에도 불구하고 생명이 위험한 중증 외상 환자의 경우에는 우리 병원에서 적절한 수술적 치료 및 집중 치료를 시행하려고 노력했다. 굳이 (골든타임을 넘기는) 위험을 무릅쓰면서까지 다른 병원으로 전원시키지 않았다. 따라서 수술실에 전혀 여유가 없거나 중환자실에 자리가 없어도 우리 병원의 문턱을 일단 넘은 중증 외상 환자의 경우에는 최대한 치료하려 했다. 환자가 수술이 끝난 이후에도 중환자실에 자리가 없어서 다시 응급실에 내려와 있다가 며칠 뒤에야 중환자실에 올라가는 경우도 많고 당장 수술실이나 마취과 의사가 확보되지 않아도 응급실에서라도 환자의 생명을 필사적으로 유지하면서 결국에는 우리 병원에서 어떻게든 수술을 했다."

이국종 교수의 말이다. 아마 어디서든 그의 강연을 한 번이라도 들어 본 사람이라면 그가 왜 골든타임을 넘기면서까지 환자를 포기하지 않았는지 그 이유를 잘 알 것이다. 물론 중환자실 여유 병상도 없는데 무턱대고 외상 환자를 받아서 치료하는 게 옳다는 것은 아니다. 그러나 많은 병원들이 중환자실에 여유가 있을 때에만 중증 외상 환자를 받거나 혹은 중환자실에 여유가 없다는 걸 핑계로 환자를 거부하는 상황에서 응급실 내의 골든타임 준수는 현 시점에서는 사실상 무의미한 일이다. 결과적으로 어떻게든 환자를 살리기 위해 고군분투하는 의료진에게 힘을 실어 주기는커녕 불이익을 주는 지표라 할 수 있다.

물론 평가단은 다른 병원으로 환자를 보낸 전원율을 평가 지표에 포함시켜 병원의 환자 떠넘기기 행태에 대해서도 평가하고자 했다. 그러나 이 지표의 최고 점수는 6점인 반면, 응급실 내의 골든타임 준수와 관련된 배점은 14점이다. 병원이 더 높은 점수를 얻으려면 (6점을 포기하더라도 14점을 얻기 위해) 환자를 다른 병원으로 보내는 게 이득이 될 수 있도록 평가 지표가 설계된 것이다. 특히 119 구급대가 환자를 받아줄 수 있는지 문의한 경우, 자리가 없다는 이유로 아예 환자를 받지 않으면 전원율에도 영향을 미치지 않기 때문에 환자를 거부하는 게 최대 이득이 되는 아이러니도 예상할 수 있다.

필요한 전문의 충원 계획 실현 가능성 배점표

현실에 기반한 구체적이고 실현 가능한 계획임	3점
구체성이 다소 떨어지나 실현 가능성이 있음	2점
구체적이지 못하고 실현 가능성도 다소 낮음	1점
비현실적이고 막연한 계획임	0점

다른 한편으로 지표가 있어도 지표 자체가 모호하게 서술돼 있어 평가의 근거를 확인할 수 없는 것들도 많았다. 정성 평가 항목 가운데 '필요한 전문의 충원 계획 실현 가능성'에 대한 총 배점은 3점이다. 무엇보다 '필요한 전문의'가 무엇인지 명확하지 않다. '필요한 전문의'란 단순히 전문의 자격증을 가진 의사를 뜻하는 것일 수도 있고 숙련된 전문의를 뜻하는 것일 수 있다. 전자일 경우, 계획 평가의 의의인 구체성이나 실현 가능성을 따질 조건이 되지 않는다. 더군다나 '필요한 전문의 충원 계획 실현 가능성'은 평가단 평가 항목 가운데 정성 평가로 분류돼 있다. 평가단 위원의 재량에 의존하겠다는 것인데, 숙련된 전문의에 대한 객관적인 기준이 갖추어지지 않은 상태에서 그러한 재량이 발휘될 경우 단순히 머릿수를 맞추겠다고 내놓은 계획에 대해서도 높은 점수를 주는 일이 생길 수 있다.

의료진 충원 계획에서 무엇보다 중요한 것은 의료진의 숙련도다. 외과 의사의 경우에는 통상 수술 횟수로 숙련도를 가늠한다. 대형 병원이 '국내 최초 췌장 이식 200례 달성!', '신장 이식 연 300례 첫 돌파!' 등으로 실적을 홍보하는 것은 더 많은 수술 경험이 해당 병원과 의료인의 높은 숙련도를 보여 주는 가장 객관적인 잣대로 여겨지기 때문이다. 물론 국내에서 중증 외상 환자를 치료한 경험이 있는 의사 자체가 부족한 것이 사실이고 외국에서 수련을 마치고 돌아온 외상외과 의사를 찾는 게 거의 불가능한 것도 사실이다. 현실이 이렇다면 '필요한 전문의 충원 계획'이라는 모호하고 현실과 유리된 평가 항목을 내놓기보다 외국 의사를 초빙해 국내 전문의들의 수준을 향상시킨다는 계획을 세운 병원이나 국내 의사를 외국에 보내 훈련시킬 구체적 계획을 보유한 병원에 높은 점수를 주는 것이 나을 것이다. '현실에 기반한 구체적이고 실현 가능한 계획'이란 오히려 이런 것이 아닐까?

실적 평가나 정량 평가보다는 계획 평가와 정성 평가의 비중을 늘리고 정량적으로 판단해야 할 항목까지 정성 평가 항목에 집어넣고, 현실과 유리된 지표를 설정하거나 지표 자체를 아예 모호하게 서술해 버림으로써 평가단이 의도한 것은 무엇이었을까? 적어도 중증 외상 의료 체계를 제대로 개선하겠다는 의지는 엿보이지 않는다. 보건복지부는 평가단 1차 회의 결과 보고서에 평가단이 "전담 인력 확보 방안과 외상팀 운영 및 중환자 병상 관리 계획 등, 계획 평가에 대한 평가 비중 확대가 필요하다"[3]는 데 의견을 모았다고 말하며 계획 평가와 정성 평가 비중이 늘어난 이유를 해명했지만, 당시 평가단 관계자에게 들은 말은 이와는 달랐다. "일부 위원들이 기존 평가 기준대로 하면 평가단의 역할은 거의 없다"고 불평을 하더라는 것이다. 평가단의 권한을 확대하지 않는다면 평가단 회의 자체가 무의미해지고 평가단 위원으로 활동하는 게 무슨 의미가 있겠냐는 것이다. 결국 평가단 위원들의 재량과 권한을 확대하는 방향으로 평가 기준이 바뀌었고, 새로운 기준에 따라 1차로 권역외상센터 사업에 선정된 병원이 발표되었다. 1권역에서는 인천길병원, 원주기독병원, 2권역에서는 단국대병원, 3권역에서는 목포한국병원, 4권역에서는 경북대병원이 권역외상센터 사업의 선발 주자로 나서게 됐다. 아주대병원의 이름은 어디서도 찾을 수 없었다.

환자를 외면한 외상센터

72세 남성이 운전을 하다가 사고를 당했다. 뼈가 부러졌고 장기가 손상됐다. 외상 환자의 손상 정도를 파악하기 위해 만든 중증도 점수에 따르면 15점 이상일 경우 중증 외상으로 분류하는데(114쪽 참고) 이 환자의 중증도 점수는 무려 28점이었다. 머리부터 발끝까지 심각하게 다쳐 언제 죽어도 이상하지 않을 상태에서 환자는 목포한국병원으로 이송됐다. 한국병원은 환자를 치료할 전문 의료진이 없다는 이유로 타 병원으로 전원 조치했다. 그렇게 한 차례 전원된 병원에서도 상태가 호전되지 않았고 결국 환자는 아주대병원으로 다시 옮겨졌다.

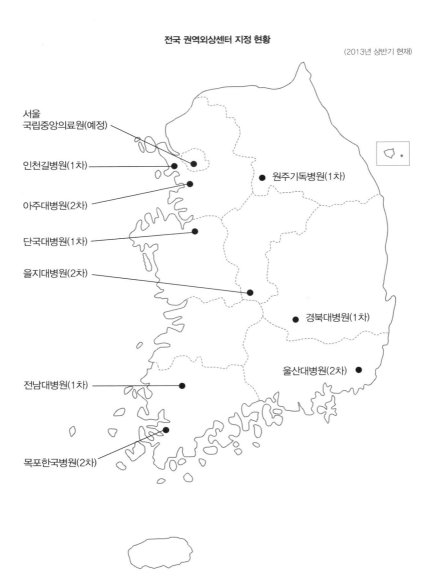

전국 권역외상센터 지정 현황

(2013년 상반기 현재)

서울
국립중앙의료원(예정)

인천길병원(1차)

아주대병원(2차)

단국대병원(1차)

을지대병원(2차)

원주기독병원(1차)

경북대병원(1차)

울산대병원(2차)

전남대병원(1차)

목포한국병원(2차)

두 차례 전원을 하는 동안 환자의 상태는 나빠질 대로 나빠졌다.

경북대병원에서도 비슷한 일이 있었다. 46세 남성이 대구에서 운전 중 사고를 당했다. 갈비뼈가 부러지고 폐에 피가 들어찼다. 췌장을 다치는 바람에 복강 내에서도 출혈이 일어났다. 환자는 인근 작은 병원에 머물다가 다음 날 경북대병원으로 옮겨졌다. 하지만 경북대병원은 이미 적극적인 치료를 할 시기가 지났다는 이유로 제대로 된 처치를 하지 않았다. 상태가 호전될 기미가 보이지 않은 채로 5일이 지났다. 환자는 결국 아주대병원으로 이송됐다.

안타깝게도 사례는 여기서 그치지 않는다. 30세의 남성이 강원도에서 스키를 타다가 크게 넘어졌다. 배에 충격이 있었고 췌장이 손상돼 복강 내출혈이 발생했다. 오후 2시 30분에 사고를 당했고 사고 즉시 원주기독병원에 이송됐으나, 밤 10시 9분 아주대병원으로 전원됐다. 경북에서는 48세 남성이 동료의 오발로 엽총에 맞는 사건이 발생했다. 쇄골이 부러지고 간이 손상돼 마찬가지로 복강 내출혈이 발생했다. 환자는 어떤 병원에도 갈 수가 없었다. 아주대병원이 환자를 받기로 하고 중앙 119 구조대 헬리콥터로 환자를 실어왔다. 인천과 전북에서 일어난 교통사고 환자도 아주대병원에서 치료를 받았다.

아예 환자의 얼굴을 보는 것조차 거절하고 치료를 거부한 외상센터도 있었다. 충청도에서는 52세 남성이 교통사고를 당했다. 중증도 점수는 28점이었다. 사고 뒤 가까운 충북대병원으로 최초 이송됐지만 그곳에선 제대로 된 치료를 받을 수 없었다. 충북대병원은 외상

센터인 단국대병원으로 환자를 전원하려고 했으나 연락을 받은 단국
대병원은 응급 수술을 할 수 없다는 모호한 이유를 대며 환자를 거부
했다. 외상센터가 환자 떠넘기기를 한 것이다. 환자는 이 과정에서 하
루 동안 사실상 방치되었고 사고가 난 지 약 29시간이 경과한 뒤에야
아주대병원으로 이송됐다.

　　보건복지부는 2012년 11월 1일 인천길병원, 경북대병원, 단국
대병원, 목포한국병원, 원주기독병원 다섯 곳을 1차 외상센터 지원
대상 병원으로 선정했다. 위의 사례는 모두 외상센터로 선정된 병원
이 환자를 떠넘기거나 해당 권역 내의 환자를 감당하지 못해 벌어진
일들이다. 반면 외상센터가 선정된 11월 1일부터 2013년 2월 20일
까지 112일 동안 경기도가 아닌 타 지역에서 아주대병원으로 전원된
환자는 31명이었다. 외상센터에 선정된 병원에서 버림받은 이 환자
들은 외상센터에서 탈락한 아주대병원에서 모두 살아났다.
　　국고 지원을 받는 외상센터가 떠넘긴 환자를 그 사업에 신청했
다가 탈락한 아주대병원이 받아들여 살려 낸 것은 아이러니한 일이
다. 국가가 외상센터 사업에 두 팔 걷어붙이고 나선 것이 애초에 환자
떠넘기기가 중증 외상 분야에서 워낙 빈번하게 일어나고 있다는 문
제 의식에서였는데, 그 사업이 시작부터 삐걱거린 것이다. 중증 외상
환자를 치료하는 일에 전력을 다해야 할 병원들이 오히려 예전의 구
태를 반복하고 있다면 그것은 총 사업비 2천억 원에 달하는 국가 예

산을 '눈 먼 돈'으로 만드는 일일 뿐만 아니라 사업의 실효성을 의심하게 할 만큼 중대한 사안이다.

왜 이런 일이 발생했을까? 목포한국병원과 경북대병원의 사례를 보면 반복되는 표현이 있다. 바로 '적극적인 치료가 지연됐다'는 말이다. 여기서 '적극적인 치료'란 외과 수술을 의미한다. 또한 '치료 지연'이라는 말은 너무 늦어 손 쓸 도리가 없다는 뜻이다. 풀이하자면 '수술을 하기에는 환자 상태가 너무 악화되었으니 병원은 더 이상 할 수 있는 일이 없고 보호자는 마음의 준비가 필요하다'는 말이다. '적극적 치료 지연'이 단순한 변명이 되지 않으려면 그 환자는 어느 병원에 가서도 사망할 수밖에 없는 운명이어야 할 것이다. 그러나 아주대병원에서는 환자를 포기하지 않았고, 31명의 환자는 치료 후 모두 생존해 집으로 돌아갈 수 있었다.

중증 외상에서는 병원과 의사가 환자를 대하는 태도의 차이가 죽음과 삶을 가른다. 수술도 해보지 않고 손 쓸 방법이 없다고 말하는 병원에서 중증 외상 환자는 아무런 희망도, 기대도 가질 수 없다. 이국종 교수가 "중증 외상 환자는 무조건 열어야 한다"고 즉각적인 수술을 강조하는 것은 의사들에게 능력 밖의 주문을 하는 것이 아니다. 적어도 중증 외상 환자를 살리려면 응급실에 깔아 놓지 말고 적극적으로 수술할 방법을 찾아야 한다는 뜻이다. 골든타임을 생각한다면 시간을 늦출 여유가 없다는 말이기도 하다. 그러나 많은 병원들이 이 사실을 알면서도 모른 체 한다. 결과적으로 선정되어야 할 병원은 빠지고 문제가 있는 병원이 외상센터에 선정됐다는 말을 피하기 어렵게 됐다. 환자 떠넘기기를 하다 네 살 짜리 조 양이 장중첩증으로 사망해 처벌을 받았던 경북대병원도 보란 듯이 외상센터에 선정됐다. 응급 수술도 할 수 없는 병원, 혹은 할 의지가 없는 병원을 외상센터로 선정한 일차적 책임은 정부에 있다.

외상센터 사업에서 아주대병원이 탈락한 것은 단순히 상징적인 사건 이상이었다. 이국종 교수는 모두가 외면하고 있을 때 외상센터의 필요성을 알리기 위해 10여 년을 바쳤다. 급박하게 수술실을 오가고 중환자실을 드나들면서도 정부에 정책을 건의하고 인터뷰와 강의를 마다하지 않으며 중증 외상의 문제를 알렸다. 이국종 교수와 그의 팀원들은 중증 외상이 어떠한 사회적 조명도 받지 못하고 있을 때부터 묵묵히 현장을 지켜 왔다. 그들이 없었다면 석해균 선장 치료를 계기로 국민적 관심이 모일 일도, 외상센터 설립 근거가 될 개정안이 통과될 일도 없었을 것이다.

단순히 기여한 바가 많으니 아주대병원을 외상센터로 선정해야 했다는 말은 아니다. 아주대병원을 외상센터에 선정하는 것은 향후 외상센터 사업의 정착과 발전에도 꼭 필요한 일이었다. 아주대병원은 중증 외상 분야의 전초 기지가 될 수 있는 능력을 충분히 갖추고 있다. "응급의료에관한법률 개정안"을 마련할 때에도 외상센터 사업이 시작될 경우 그간 중증 외상 분야에서 경험과 실력을 쌓아 온 아주대병원이 다른 병원들의 경쟁 의식을 복돋으며 서로 발전하는 그림을 기대했었다. 특히 전국에 외상센터가 순차적으로 설치되다 보면 지역 간 경쟁도 이뤄질 수 있다고 내다봤다. 외상센터 사업은 지방자치단체장 선거 등에서 중요한 공약으로 다뤄질 수 있다. 지역 주민의 건강은 지방 선거의 주요 의제 가운데 하나이기 때문이다. 이때 전범으로 삼을 만한 외상센터가 한 곳이라도 있다면 후보자들에게 중증 외상과 관련해 실효성 있는 공약을 제시하게 할 동기가 될 수 있다. 결국 지역 간 의료 격차를 줄이고 전국적으로 예방 가능 사망률을 줄이는 데에도 일익을 할 것이다. 그러나 아주대병원이 외상센터 사업에서 탈락하고 외상센터로 선정된 병원이 구태를 반복하며 이러한 구상은 시작부터 어그러졌다.

보건복지부가 외상센터 선정 결과를 발표하자 다양한 반응이 나왔다. 경기도는 즉각 반발하고 나섰다. "2011년 기준 1만 9,252명에 이르는 국내 중증 외상 환자 가운데 30퍼센트에 해당하는 5,870명이 경기도에서 사고를 당한다. 경기도는 중증 외상 환자 발생 다발 지역이다. 이런 경기도의 상황에도 불구하고 이번 외상센터 선정에서 경기도가 제외된 것을 도저히 납득할 수 없다"는 성명이었다. 아울러 평가단 위원 명단과 평가 결과 자료를 투명하게 공개할 것을 촉구했다. 보건복지부는 공개적으로 대응하지 않았다. 앞서 살펴본 대로, 위원 명단과 평가 자료가 공개되는 일도 없었다.

아주대병원에는 침통한 분위기가 감돌았다. 이국종 교수는 "이번 고비만 넘기자"고 말하며 팀원들과 몇 년째 참아왔던 것이 한순간에 큰 충격으로 되돌아왔다"고 말했다. 병원 내부에서 아주대병원이 중증외상특성화센터를 계속 운영할 수 있을지에 대한 우려도 나왔다. 한 아주대 관계자는 "이 교수 팀이 그래도 정부에 협조도 많이 한다고 하고, 언론도 주목하고 있어서 정부 사업을 따낼 줄 알았는데 이렇게 됐다. 계속 적자만 내는 중증외상특성화센터를 앞으로 병원이 계속 감당할 수 있을지 고민하는 얘기가 들린다"고 말했다.

과정이 베일에 쌓여 있으니 결국 뒷말까지 나왔다. 외상센터 선정에 핵심적인 역할을 한 평가단 위원장의 모교가 연세대 의대인 탓에 원주기독병원이 선정된 것이 아니냐는 말부터, 그게 아니라 2018년 평창 동계올림픽 때문에 강원도에 우선 배정됐다는 그럴듯한 분석도 나왔다. 청와대에서 특정 병원을 편들지 않았냐는 의혹도 제기됐다. 청와대에서 보건의료를 책임지는 노연홍 고용복지 수석 비서관의 재임 중에 외상센터가 선정됐는데, 그가 퇴임 후 몇 달 되지 않아 가천의과대학 부총장에 임명돼 의혹에 힘을 실었다.[4] 가천의과대학은 1차 외상센터 사업에 선정된 인천길병원이 소속된 재단이다.

2012년 11월 19일, 국회 보건복지위원회 예산결산심사소위원회가 열렸다. 외상센터 사업을 둘러싼 잡음들이 도마 위에 올랐다. 민주당 이언주 의원은 "충북대병원과 이번에 외상센터로 선정된 단국대병원이 서로 (환자를) 떠넘기다가 결국 환자가 아주대병원으로 갔다"고 지적하자 보건복지부 손건익 차관은 다른 언급 없이 "지금은 그렇다"는 무책임한 답변으로 대응했다. 다시 이 의원이 "(외상센터) 선정 자체가 굉장한 탁상공론이었다"[5]고 비판 수위를 높이자 손건익 차관은 오히려 그 잘못이 아주대병원에 있다는 식으로 적반하장의 태도를 보였다. "의원님들이 아주대병원 측을 엄히 나무라야 한다." "(병원의) 투자도 이뤄져야 하는데 아주대병원 측에서 적극적인 의사 표명을 못했다. (아주대병원이 보건복지부에 제출한) 계획 자체가 대단히 미흡했다."

손건익 차관의 발언은 언론이 아주대병원의 탈락 이유를 물을 때마다 보건복지부가 되풀이하던 말이었다. 하지만 아주대병원을 탓하기엔 보건복지부와 평가단의 평가 방식에 석연치 않은 점이 너무 많다. 또한 각 병원이 작성한 사업 계획서가 보건복지부에 의해 제한적으로 공개돼 실제 아주대병원의 계획서가 다른 병원의 계획서에 비해 미흡했는지 여부는 누구도 확인할 수 없었다. 특히 아주대병원의 경우 지자체(경기도)까지 나서서 비용을 포함한 전폭적인 지원을 약속한 터라 아주대병원의 계획이 미흡했기 때문이라고 변명하는 보건복지부의 말은 쉽게 납득이 가질 않는다. 보건복지부는 책임을 떠넘기고 외상센터로 선정된 병원들은 환자를 떠넘긴다. 어찌됐든 그 와중에 환자는 살아나니 해피엔딩이라고 해야 할까? 그렇다 하더라도 그것은 불안한 해피엔딩일 것이다.

소아청소년과 의사가 없는 응급실

병원
사용
설명서
6

포항에 사는 신수진(가명) 씨는 단단히 화가 났다. 종합병원이 네 개나 있는 인구 50만 명의 도시에서 야간에 소아 진료가 가능한 병원이한 곳도 없다는 사실을 알게 된 것이다. 열이 39도가 넘는 아이를 업고 주말에 인근 종합병원 응급실을 찾았다가 진료 거부를 당한 뒤의일이다. 이 병원에서는 "소아청소년과 진료를 봐 줄 수 없다. 열 확인후 해열제만 처방이 가능하다"고 했다. 별도의 검사도 없었다. 해열제는 전직 간호사인 신수진 씨도 갖고 있었다. 신수진 씨는 1339 응급의료정보센터에 전화를 걸었다. 주말이나 저녁에 소아청소년과 진료가 가능한 포항의 병원을 문의했는데 단 한 곳도 없다는 대답이 돌아왔다. 신수진 씨는 포항시와 청와대 신문고에 민원을 냈다.

아이들이 아파도 갈 곳이 없다

야간에 소아청소년과 진료가 불가능한 곳은 포항만이 아니다. 수도권에서 내려갈수록, 대도시에서 멀어질수록 야간 진료 공백은 커진다. 정부는 이러한 문제를 해결하기 위해 소아 전용 응급실 사업을 진행하고 있다. 이른바 차세대 응급실 모델 구축 시범 사업으로 전국 여섯 개 병원을 소아 전용 응급실로 지정해 운영하는 것이다. 소아 전용으로 지정된 응급실은 만 15세 이하 소아 청소년을 대상으로 한다. 소아 전용 응급실에서는 소아청소년과 교수와 전문의, 또는 이에 준하는 실력을 갖춘 3년차 이상 전공의가 진료를 맡는다. 시설 면에서도 수유실과 소아 전용 의료 기기를 구비해야 하고 결핵이나 홍역, 수두 등 전염성 질환을 앓는 소아의 경우 다른 소아에게 감염되지 않도록 별도의 음압 격리실도 마련해야 한다.

소아 전용 응급실 사업에 참여하는 열 개 병원은 서울아산병원, 서울대병원, 이화여대 부속 목동병원(이상 서울), 가톨릭대학교 의정부성모병원(경기 의정부), 명지병원(경기 일산), 분당차병원(경기 성남), 가천의대길병원(인천), 순천향대학교 천안병원(충남 천안), 동산의료원(대구), 울산대병원(울산) 등이다. 2013년에 두 개 병원이 추가로 지정된다. 정부는 이들 병원에 약 10억 원을 지원하고 병원도 정부 지원금 이상을 부담하게 했다. 정부 지원은 병원에 소아 전용 시설과 인력을 확보하는 계기를 만들어 준다. 그러나 문제는 남는다. 의사들이 지방 병원에 근무하기를 기피하는 것이다.

병원은 있는데 의사가 없다

2012년 1월, 포항시는 정부에서 추진하는 소아 전용 응급실 사업과는 별도로 지자체 예산을 집행해 포항의 선린병원을 24시간 소아 응급실 운영 병원으로 선정했다. 3억 2천만 원의 시 예산과 선린병원 자부담금 3억 6백만 원 등 총 6억 2,600만 원이 투여된 사업이었다. 하지만 실패했다. 소아청소년과 전문의를 확보하지 못해서다. 권경옥 포항시 보건 정책 담당관은 "24시간 응급실을 운영하려면 최소 두 명의 전문의가 필요하지만 한 명밖에 확보하지 못했다"고 밝혔다.[6] 사업은 백지로 돌아갔다. 포항만의 문제가 아니다. 한 지방 국립대도 1년간 소아 응급실을 운영하다 폐쇄했다. 전문의를 구하지 못해서다. 소아 전용 응급실 사업에 선정된 병원 또한 서울에서 멀어질수록 소아청소년과 의사를 구하지 못해 애를 먹고 있다.

인력난의 첫 번째 원인은 소아청소년과를 지원하는 의사들이 적다는 것이다. 흉부외과나 비뇨기과, 산부인과, 병리과처럼 기피 전공까지는 아니지만 소아청소년과도 해를 거듭할수록 지원자가 줄고 있다. 개원을 하더라도 감기 환자 진료나 예방접종만으로는 병원 경영이 어렵기 때문이다. 지원자가 적은 만큼 서울 소재 대학 병원에서 수련을 받은 전공의들은 자신들이 원하는 대형 병원에서 일할 기회가 많다. 굳이 지방 병원에 내려갈 필요가 없는 것이다. 소아청소년과에만 국한된 문제는 아니다. 의사들이 지방에 내려가는 것을 꺼리는 이유는 그곳이 낯설기 때문만은 아니다. 지방 중소병원으로 가는 것이 경력에 도움이 되지 않는다고 보기 때문이다.

정부는 규제를 대안으로 내놓았다. 보건복지부는 2012년 8월부터 응급실에 소아청소년과 등의 전문의를 갖추지 않으면 해당 병원에 최대 2백만 원의 과태료를 부과하기로 했다. 보건복지부는 적절한 벌칙 없이는 응급 상황에서 국민의 생명권 및 진료권을 제대로 확보하기 어려운 상황이라며 과태료를 부과하는 것이 과도한 규제가 아니라고 설명했다. 하지만 실효성은 두고 볼 일이다.

이에 따라 권역응급의료센터에서 내과, 외과, 흉부외과, 정형외과, 신경외과, 소아청소년과, 산부인과, 마취통증의학과 등 여덟 개 진료 과목의 전문의가 주말과 야간 응급실의 당직 진료를 맡게 됐다. 또한 지역응급의료센터는 권역응급의료센터보다 세 개 진료 과목이 적은 내과, 외과, 소아청소년과, 산부인과, 마취통증의학과 등 다섯 개 진료 과목의 당직의가 응급실에서 진료를 해야 한다. 가장 규모가 작은 지역응급의료기관의 경우에는 외과 계열과 내과 계열 당직 전문의를 각각 한 명씩 두어야 한다. 또 병원들은 당직 전문의 명단을 환자와 보호자가 쉽게 볼 수 있도록 응급실 내부와 병원 홈페이지에 게시해야 한다.

채찍이 먹힐까?

의료계에서는 막무가내 식 규제라는 비판이 일고 있다. 병원 입장에서는 전문의를 더 고용한 만큼 비용이 들기 때문에 불만이 있을 법하다. 그러나 꼭 비용만의 문제는 아니다. 전문의 수급 자체가 힘든 현실적 어려움이 있다. 한 종합병원 교수는 "전문의를 구하지 못한 병원 가운데 지역응급의료센터를 반납하겠다는 병원도 나올 것이다. 특히 지방 병원은 전문의를 구하기 어려운 곳이 많다. 해당 지역에 응급실이 사라지는 사태가 올 수도 있다"고 말했다.

근본적인 해결책은 역시 병원뿐만 아니라 의사들에게도 기피 과목과 기피 지역에서 일할 동기를 마련해 주는 것이다. 의대 정원 확대로 의사의 수를 늘리는 걸 대안으로 제시하는 사람들도 있지만, 그렇다고 기피 과목 지원자가 늘거나 하지는 않을 것이다. 가장 현실적 대안은 수가를 인상하는 것이다. 서울아산병원 소아청소년병원의 경우 2010년 90억 원의 적자를 냈다. 매일 2,500만 원 정도의 적자를 본 셈이다.[7] 이 정도라면 특정 과목을 기피하는 것을 의사 개인의 문제만으로 볼 수 없다. 현실적인 수가 기준을 마련해 기피 과목을 선호 과목으로 바꾸는 것은 정부의 노력에 달린 문제이기도 하다.

기피 과목의 문제는 더 이상 방치할 수 없다. 이 문제를 그대로 둔다면 앞으로는 분만을 할 수 없는 병원, 심장 수술을 할 수 없는 병원, 소아 진료를 볼 수 없는 병원이 늘어나 특정 지역뿐 아니라 전국적인 의료 공백이 올 수밖에 없다. 섣불리 채찍을 휘두르기보다 의사 수급을 정밀하게 재진단하고 의사들에게 새로운 동기를 적극적으로 심어 줄 필요가 있다.

7장

당신과 우리 모두를
위한 병원

2012년 4월 6일, 연평도 어부 조희명(가명) 씨는 로프에 몸이 감기는 사고를 당했다. 튕겨나가던 로프는 맹렬한 기세로 그의 몸을 반쯤 갈랐다. 오른쪽 신장과 방광, 대장과 소장이 깨지고 늑골과 요추가 부러졌다. 새카만 밤이었다. 이국종 교수와 그의 팀이 중앙 119 구조단의 헬기를 타고 밤바다를 건너갔다. 조희명 씨는 아주대병원에서 두 차례에 걸친 수술을 받고 열흘 만에 퇴원했다.

또 다른 이야기가 있다. 2009년 5월 23일, 경남 김해시 진영읍에 위치한 세영연합의원에 중증 외상 환자가 도착했다. 아침 일곱 시가 조금 지난 시간이었다. 당시 환자는 약 30미터 높이에서 추락해 뇌에 멍이 든 뇌좌상을 당한 상태였다. 그 밖에도 늑골과 골반 등 전신에 다발성 골절이 확인됐다. 중증외상센터에서 일반적으로 볼 수 있는 환자이지만 세영연합의원은 작은 의원급 의료 기관이다. 이곳에는 중환자실도, 응급실도, 외과 전문의도 없었다. 외상 치료를 할 수 없는 병원이었다. 환자는 의원급 의료 기관에서 무의미하게 35분 정도를 머물다가 7시 35분경, 양산 부산대학교병원으로 재이송됐다. 구급차로 이동하는 데 48분이 걸렸다. 사고 시간은 오전 6시 40분경으로 골든타임은 이미 지났다. 양산 부산대병원에 도착한 환자는 이미 의학적으로 사망한 상태였다. 9시 30분, 사망 선고가 내려졌다. 이 환자는 다름 아닌 고故 노무현 전 대통령이다.

물론 제때 적절한 치료가 이뤄진다고 모든 중증 외상 환자가 살아나는 것은 아니다. 환자의 체력과 의지, 그리고 운도 작용한다. 때문에 외상 의료 체계가 적절하게 작동했다면 노무현 전 대통령이 살았을 거라고 장담할 수는 없다. 하지만 노무현 전 대통령에게 소생할 수 있는 기회가 전혀 제공되지 않았다는 것은 분명하다.

첫째, 최초 이송 방법이 잘못됐다. 경호 팀은 사고 현장에서 노무현 전 대통령을 업어서 날랐다. 중증 외상 환자를 제대로 고정하지 않고 이송하는 것은 추락으로 인한 충격에 2차 충격을 더할 수 있다. 또한 병원 이송 시 구급차가 아닌 경호실 차량에 비서진과 경호팀이 동승해 이송했는데, 흔들리는 차 안에서 3차 충격이 있었을 거라 예상할 수 있다. 둘째, 최초 이송한 병원이 제대로 된 처치와 수술이 불가능한 의원급 병원이었다. 앞서 살펴본 것처럼 작은 병원에서는 중증 외상 환자를 위해 적절한 치료를 제공할 수 없다. 셋째, 치료 가능한 병원으로 이송될 때 응급 헬기가 아닌 구급차로 이동했다. 봉하마을에서 양산 부산대병원까지는 직선거리로 약 22킬로미터다. 부산 소방항공대의 헬기(BK117)는 시간당 최고 278킬로미터를 난다. 5분도 채 안 걸리는 거리다.

사고 지점에서 최초 이송이 이뤄질 때부터 진작 헬기를 띄울 수 있었다면, 그래서 구급대가 곧바로 양산 부산대병원으로 환자를 이송했다면, 노무현 전 대통령은 제때에 수술을 받을 수 있었을지 모른다. 생존 가능성이 대폭 높아지는 것은 물론이다. 이제 와서 이런 가정을 하는 것은 무의미한 일이지만, 외상 의료 체계의 부재가 빚어낸 거대한 의료 공백의 결과는 계속 아쉬움으로 남는다.

앞서 언급한 조희명 씨는 운이 좋은 경우다. 누군가 불의의 사고를 당한다면 지금의 상황에서 가장 그럴듯한 시나리오는 조희명 씨의 사례가 아닌 노무현 전 대통령의 사례에 가까울 것이다. 그나마 수도권과 그 인근 지역은 경기도 소방항공대가 응급 환자 이송에 적극적으로 협력하기 때문에 사정이 낫다. 하지만 전국적으로 이송 체계가 마련되지 않는다면 충분히 살릴 수 있는 생명이 계속해서 길바닥에 허무하게 버려질 수밖에 없다.

아직 갈 길이 멀지만 변화는 조금씩 이뤄지고 있다. 정부는 중증 외상 의료 체계에 문제가 있다는 것에 공감하고, 외상센터 사업을 추진하고 있다. 비록 1단계 목표라 할 수 있는 '예방 가능 사망률 20퍼센트 이하'는 언제 달성될지 알 수 없다 해도 의료 환경이 변하고 있는 건 사실이다. 그러나 외상센터 건물을 몇 개 세운다고 그간의 의료 공백을 일거에 해결할 수 있는 것은 아니다. 무엇보다 환자와 병원을 연결해 주는 이송 시스템이 좀 더 획기적으로 변해야 한다. 마지막 장에서는 중증 외상 의료 체계를 개선하려 할 때 우리의 발목을 잡고 있는 문제가 무엇인지 살펴보도록 하겠다. 의료 목적으로 헬기 자원을 활용하기 힘든 현실, 서울시 의료 공백과 군 의료 공백의 문제 등이 향후 외상센터 사업을 진행하는 데 있어 예상되는 가장 대표적인 난관들이다.

날아라 헬기!

중증 외상 환자 발생시, 초기 대응의 중요성은 열 번 말해도 부족하지 않다. 환자를 중증도에 따라 치료 가능한 병원으로 골든타임 안에 빠르게 이송하는 것이 외상 의료 체계의 핵심이다. 이를 위해 외상센터와 응급 헬기는 긴밀하게 협조해야 한다. 2011년 4월 5일, 아주대병원 중증외상특성화센터 김지영 간호사는 소방항공대로부터 전화를 받았다. 헬기를 띄우는 데 공문을 보내지 않았다는 항의 전화였다. "공문을 보내야 헬기가 뜨는지 몰랐다"고 답하자 소방항공대는 "헬기가 자동차와 같냐"고 되려 따졌다.[1] 이국종 교수는 "응급 의료 목적이면 헬기 부르기가 콜택시보다 더 쉬워야 한다"고 말한다.

　　이 사건은 전화위복이 됐다. 사건이 언론에 소개되자 소방항공대 측에서 헬기 사용 절차를 간소화한 것이다. 경기도 소방재난본부와 중앙 119 구조단이 아주대병원과 협약을 맺고 적극적으로 응급 환자 이송에 힘쓰게 됐다.✚ 사실 구조단이 응급 환자 이송에 미온적인 것도 그럴 만한 사연이 있다. 어부 조희명 씨를 구조했을 당시 중앙 119 구조단의 단장이었던 김준규 씨의 말은 구급대의 정서를 그대로 보여 준다.

"그동안 구급대원들의 스트레스가 말도 못했다. 병원에 환자를 데려가면 받을까 못 받을까 걱정이 컸다. 아주대병원이 치료를 맡으니 그런 걱정이 사라졌다."

공문 사건 이후 중앙 119 구조단은 시스템을 바꿨다. 김준규 단장은 "이제 신고가 들어오면 단장에게 먼저 보고할 것 없이 상황실에서 책임지고 10분 안에 헬기를 출동시키는 등, 선 조치 후 보고 시스템이 정착됐다"[2]고 말한다. 소방방재청의 주 업무는 국민의 생명을 지키는 것이다. 당연히 소방 공무원들은 자신의 임무 수행에 높은 자긍심을 갖고 있다. 목적지가 분명히 존재한다면 이들은 환자를 신속

✚ 2011년 4월, 경기도, 소방방재청, 아주대병원, 도의료원 등은 '중증 환자 더 살리기 프로젝트'(일명 '석해균 프로젝트')를 위한 업무 협약(MOU)을 체결했다. 이 프로젝트에서 핵심은 헬기 이송을 통한 응급 환자의 신속 이동이다. 이 프로젝트로 지난 한 해(2012년) 63명의 중증 환자가 새 삶을 찾았다.

하게 이송할 준비가 되어 있다.

경기도 소방항공대에서 만난 이세형 항공 대장은 검은 얼굴에 큰 목소리를 가졌다. 이세형 대장은 아주대병원 때문에 일이 많아졌다고 엄살을 피우다 말했다.

"도민이나 국민을 살리는 것은 공무원으로서 당연히 해야 할 일이기도 하지만, 우리는 출동이 많아야 보람도 크다고 느낀다. 공부 많이 한 이국종 교수 같은 사람도 위험을 무릅쓰고 헬기에 같이 타는데 우리는 이 교수님이 가자는 곳이면 다 간다. 환자를 아주대병원에 이송하고 오면, 나중에 이국종 교수가 꼭 전화를 준다. 환자가 살았다고, 의대 교수가 그렇게 얘기를 해 준다. 우리가 국가의 녹을 먹는 것과 별개로, 내가 이송한 환자의 상태가 좋아졌다고 하니 보람을 느낀다. 그것만큼 좋은 게 어디 있겠나. 피가 너무 많이 묻어 헬기 내부를 다 뜯어 3시간 동안 닦는 일도 있지만, 그런 것 상관없이 언제든 부르면 출동한다."

이들은 환자가 있으면 야간에도 헬기를 띄운다. 긍정적인 변화의 조짐은 곧 구급대 전체로 확산될 것이다.

경기도 용인시에 위치한 경기도 소방항공대는 헬기 세 대를 보유하고 있다. 이 중 17인승인 AW139 기종은 응급 의료 전용 헬기(Emergency Medical Service, EMS)이다. 다른 헬기와 달리, 환자용

소방방재청 119 구급 헬기(Heli-EMS)　　　　보건복지부 응급 의료 전용 헬기(닥터 헬기)

침대와 산소호흡기 등의 장비가 실려 있다. AW139는 한 번 비행에 978킬로미터를 갈 수 있다. 이 헬기면 아주대병원에서 연평도(직선거리 약 130km)나 백령도(직선거리 약 240km)까지 얼마든지 왕복할 수 있다. 하지만 이제는 경기도 소방항공대가 연평도나 백령도까지 갈 필요도 없어졌다. 2013년 5월 인천시 소방본부도 AW139를 도입했다. 이 헬기는 배치되자마자 백령도로 출동해 사고로 손가락이 절단된 군인을 인천길병원으로 이송했다.[3] 병원도 바뀌고 있다. 일부 병원들은 헬기장이 너무 작아 AW139 기종이 착륙하기 불가능한 곳이 었는데, 분당 서울대병원은 이 사실을 알고 2012년 헬기장을 넓히는 공사를 자발적으로 실시하기도 했다.

　　한편으로 보건복지부는 2011년 9월 23일부터 응급 의료 전용 헬기 사업을 시작했다.[4] 헬기 두 대를 임대할 예산을 확보하고 대한항공에서 헬기와 조종사를 빌렸다. 헬기의 운항이나 정비, 관제 등은 대한항공이 맡는다. 이렇게 마련된 응급 환자 전용 헬기는 EC135 기종으로 '닥터 헬기'라고도 불린다. 헬기에는 각종 응급 의료 장비가 구비되었고 응급의학과 전문의가 탑승해 5분 안에 출동하는 것을 원칙으로 한다. 보건복지부는 닥터 헬기 두 대를 민간 병원인 인천길병원과 전라남도 목포한국병원에 배치했다. 섬이 많은 지역에 우선 배치한 것이다. 2년 뒤인 2013년 7월에는 닥터 헬기를 추가로 두 대 더 확보해 산간 지형이 많은 원주기독병원과 경상북도 안동병원에 배치했다.

보건복지부의 닥터 헬기는 조종사를 상시 대기시킬 수 없어 야간에 이륙하지 않고 항속 거리가 짧다는 단점이 있다. 반면 소방방재청 헬기는 당직 조종사가 있어 주야간을 가리지 않고 출동할 수 있으며 항속 거리가 길다. 하지만 도시 안에서 움직일 때는 기체가 작아 좁은 면적에도 착륙이 가능한 닥터 헬기가 더 유리할 수 있다. 닥터 헬기와 소방방재청 헬기가 서로를 보완할 수 있다는 이야기다. 가까운 지역은 닥터 헬기가 출동하고, 먼 지역이나 야간에는 소방방재청 헬기가 출동할 수 있을 것이다.

외상센터 선정을 둘러싼 잡음에도 불구하고 상황은 조금씩 나아지고 있다. 순차적으로 외상센터가 건립될 예정이고, 헬기가 실제로 환자를 병원에 실어 나르고 있다. 하지만 국내 중증 외상 의료 체계는 이제 막 태동기에 있을 뿐이다. 미국 메릴랜드 대학의 권역외상센터인 〈카울리쇼크트라우마센터R. Adams Cowley Shock Trauma Center〉(이하, 카울리외상센터)는 외상센터의 전형이자 교과서다. 이 외상센터를 설립한 카울리는 골든타임의 주창자이기도 하며 외상 의학의 아버지로 불린다. 카울리외상센터의 중증 외상 치료 체계는 언젠가 우리가 도달해야 할 목표다.

　　카울리외상센터 옥상에는 한꺼번에 헬기가 다섯 대까지 착륙할 수 있는 대형 착륙장이 있다. 인근 주 정부 산하의 메릴랜드 응급의료관리원⁺은 카울리외상센터와 긴밀한 공조 관계에 있다. 응급의료관리원의 상황실에는 모니터에 메릴랜드 주와 그 주위 지도를 배경으로 각각 다른 색깔을 띤 헬기들의 이동 상황이 표시된다. 출동한 헬기에는 응급 구조 교육을 받은 비행 전담 간호사Flight Nurse가 동승해 응급의료관리원 내 응급 의학 전문의들과 교신하며 환자를 처치한다. 컨트롤 타워인 응급의료관리원은 헬기가 환자를 이송하는 순간부터 환자의 상태와 헬기 도착 시간을 외상센터에 통보한다.

　　그동안 외상센터에서는 숙련된 외상 팀이 병상 및 의료기기 등을 준비해 놓고 환자를 기다린다. 헬기가 외상센터 옥상에 도착하면 외상 수술 팀이 환자를 맡아 처치실로 옮긴다. 처치실의 병상에는 환자 모니터링 시스템과 마취 시스템, 수혈 장비 및 환자에게 맞는 혈

✚　Maryland Institute for Emergency Medical Service System Communication Center

기관별 헬기 보유 현황

(2011년 11월 기준)

기관명 (응급 환자 이송 가능)	용도	보유 대수 및 탑승 가능 인원	특이 사항
보건복지부 (2대)	응급 의료 전용	• 총 2대(예비 헬기 1대 별도) – EC-135: 6명 탑승(환자 2명 포함)	– 의사 등 의료진 탑승 – 전문 응급 의료 장비 장착 – 주간 운용
국방부 (4대)	다목적 (군사 작전, 환자 이송)	• 총 5대 – UH-60: 4대(9명) 금왕, 조치원, 이천 – UH-1H: 1대(6명) 하남	– 전군 대상, 야간 운행 가능 – 탑승: 군의관 1, 간호장교 1, 의무병1
소방청 (25대)	다목적 (화재, 구조,구급)	• 총 25대 – 중앙 119 구조단: 3대 – 지자체: 22대(대전, 충남, 제주 제외)	– 응급 구조사 탑승 – 15대 야간 운행 가능 – EMS(탈부착형)**＋**: 18대 – 호이스트**＋＋** 장착: 25대
산림청 (30대)	다목적 (산불 진압, 환자 이송)	• 총 46대 – 초대형: S-64E 4대(5명) – 대형: KA-32T 30대(18명) – 중형: 벨206L-4대 (7명) – 중형: AS350 4대 (6명) – 중형: ANSAT 4대 (11명) 정비 입고 중 – 전국 9개 지역 분포(김포, 익산, 양산, 원주, 영암, 안동, 강릉 진천, 함양)	– 야간 운행 불가 – EMS(탈부착형): 없음 　※2012년에 5대 장착 예정 – 호이스트 장착: 18대(10대 장착 완료 + 8대 진행 중)
해경청 (16대)	다목적 (해안 경비, 환자 이송)	• 총 16대 – Bell-412: 1대(6명) 인천 – KA-32: 8대(9명) 동해, 포항, 부산, 여수, 제주, 목포, 군산 – AS-565: 6대(5명) 동해, 부산, 제주, 목포 – AW-139: 1대(7명) 인천	– 응급 구조사 없음 – 야간 운행 일부 가능: AS-565 6대, AW-139 1대 – 고정익 2대 보유(인천, 제주), 야간 운행 가능(AW-139) – EMS(탈부착형): 3대(진행 중) – 호이스트 장착: 16대

＋　EMS(탈부착형): 의료 장비를 붙였다 뗄 수 있는 환자 이송용 헬기

＋＋　호이스트: 환자를 줄로 끌어올릴 수 있는 기중기

액 제제 등이 완벽하게 구비되어 있다. 그 자리에서 응급수술이 가능한 수준이다. 오직 환자의 생존에 초점을 맞춘 유기적인 외상 의료 체계에서는 골든타임이 낭비될 여지가 없다. 카울리외상센터의 예방 가능 사망률은 5퍼센트 미만이다. 카울리외상센터는 우리가 바랄 수 있는 가장 이상적인 외상센터의 모습, 그리고 그 존재 의의를 집약해 보여 준다. 의료 서비스의 양과 질을 책임지는 외상센터와 의료진, 그리고 헬기 등을 동원한 응급 이송 체계가 환자의 빠른 이송과 효과적인 처치를 위해 유기적으로 연결돼 있다는 게 이 외상 의료 체계의 핵심이다.

헬기는 환자 이송 시간을 단축할 뿐 아니라 이동 중 간단한 응급처치를 하기에도 용이하다.

아주대병원 외상 팀은 정기적으로 헬기 하강 및 구조 훈련을 받는다. 사진은 해병대 훈련 모습.

한국의 경우 소방방재청이 보유한 헬기가 중증 외상 환자를 이송하고 있지만, 다른 정부 부처의 헬기들은 환자 이송에 소극적이다. 2011년 11월 기준, 정부가 보유한 환자 이송이 가능한 헬기는 총 77 대로 결코 적지 않은 수다.[5] 국방부와 산림청, 국방부, 해양경찰청 등이 각각 임무에 맞는 헬기를 보유하고 있다. 문제는 이들 헬기를 통합 관리할 체계가 없다는 것이다. 따라서 현재 따로 놀고 있는 각 정부 부처의 헬기를 유기적으로 운용하여 119 구급차처럼 사용할 수 있는 시스템이 마련돼야 한다.

그러나 보건복지부, 국방부, 소방방재청, 산림청, 해양경찰청 등 다섯 개의 정부 부처가 하나의 목적 아래 유기적으로 결합하는 체계를 마련한다는 것은 쉬운 일이 아니다. 2011년 감사원은 응급 의료 체계 운영 실태에 대한 감사 결과에서 보건복지부와 소방방재청에 소방 헬기를 포함한 헬기 공동 이용 체계를 마련할 것을 통보했다. 감사원의 지적에도 불구하고 이 문제는 양 기관의 입장이 달라 아직 크게 개선된 것이 없다. 이처럼 양 기관이 협의하는 것도 어려운데 다섯 개의 정부 부처가 각자의 기득권을 내려놓고 하나의 합의에 도달하는 것은 더욱 어려운 일이다.

환자 이송 목적의 헬기 이용 체계 마련을 위해서는 국무총리가 책임지고 나서야 한다. 국무총리는 대통령의 명을 받아 각 정부 부처를 지휘·감독하고, 정책을 조정하는 권한을 갖고 있다. 수평적 위치의 각 정부 부처가 합의하지 못하는 문제는 상급 기관인 국무총리실이 조정해야 한다. 여러 부처에 분산된 헬기를 의료 목적으로 통합 관리하는 것은 환자의 생명을 더 많이 구할 수 있다는 성과 말고도 국가 자원을 효율적으로 활용한다는 점에서도 그 의의를 찾을 수 있다.

서울, 앞으로 10년간 의료 공백

보건복지부는 '권역외상센터 설치 지원 계획'을 포함해 여러 차례 서울에 위치할 외상센터에 대한 입장을 밝혔다. 현재 서울 중구 을지로에 위치한 국립중앙의료원을 서초구 원지동으로 이전하는 계획에 덧붙여, 신축 예정인 국립중앙의료원에 외상센터를 설치하겠다는 것이다. 국립중앙의료원 외상센터는 중요한 역할을 맡게 될 것이다. 현재도 국립중앙의료원은 전국 병원의 응급실을 관리·감독하는 중앙응급의료센터로, 행정기관으로서의 역할도 수행한다. 새로 생길 외상센터 또한 서울 시민을 치료하는 역할과 함께 전국에 건립될 외상센터를 관리하고 평가하는 행정기관의 역할을 수행할 것이다. 그런데 국립중앙의료원 신축 이전은 10년 전부터 계획만 세웠지 답보 상태다. 정부의 정부 기관 법인화 바람과 지역 이기주의, 신축 및 이전 비용의 문제에다 행정의 무책임 등이 겹쳐 있다. 신축 이전이 기약 없이 미뤄지면서 서울에 외상센터를 건립하는 문제도 표류하고 있다. 이전 문제가 먼저 해결돼야 새 부지에 외상센터를 건립할 수 있기 때문이다. 국립중앙의료원 이전과 외상센터 건립이 한 문제로 묶인 탓에 서울

특별시 시민들은 앞으로도 한동안 의료 공백 상황에 벗어나기 어렵게 됐다.

국립중앙의료원은 외국의 원조로 만들어졌다. 한국전쟁 직후 노르웨이, 덴마크, 스웨덴 등 스칸디나비아 3국은 연간 운영비로 150만 달러를 분담하기로 합의했다. 이 돈은 당시 한국 보건사회부 예산에 버금가는 수준이었다. 3국은 6년의 준비 끝에 1958년 종합병원인 국립의료원을 설립하고 5년 운영을 약속했다. 3국이 우리나라에 병원을 세운 것은 한국전쟁 당시 스웨덴이 부산에 군 야전병원을, 덴마크가 부산항과 인천항에 적십자 병원선을, 노르웨이가 미1군단 예하부대에 이동 외과 병원을 운영하며 의무 지원과 민간인 진료를 담당한 역사와 관련이 있다.[6] 전시에 이뤄진 의료 지원이 전후까지 이어진 셈이다. 국립의료원은 당시 아시아에서 가장 훌륭한 장비와 현대식 시설을 갖추고 있었다. 병원을 찾은 한국의 촌로들이 깨끗한 병원 시설에 놀라 고무신을 벗어 들고 들어왔다는 일화가 있을 정도다.[7]

3국은 비용 지원 말고도 과장급(교수급)을 포함한 의료인 80명을 파견했다. 이 의료인들은 일선에서 환자를 치료했을 뿐 아니라 국립의료원을 한국에 넘겨줄 때를 대비해 국내 의료인 교육에도 힘썼다. 국립의료원장을 지낸 한 원로 의사는 자신이 의료원 초창기에 3국 의사들에게 인턴 수련을 제대로 받은 행운아였다고 말하며 그들의 정성 어린 지도에 감복했다고 한다.[8] 3국은 약속했던 5년이 지난 뒤에도 추가로 5년을 더 지원했다. 그렇게 10년을 채운 1968년, 한국 정부는 병원 운영권을 이어받았다. 그리고 국립의료원은 쇠락의 길을 걷는다.

의사 출신 새누리당 안홍준 의원은 "전공의를 하던 1970년대만 해도 (국립의료원은) 지방 국립대학 이상의 수준이었는데, (2008년) 국정감사 때 현장 방문을 해보니 아주 열악했다"고 말했다. 40년 전만 해도 가장 현대적인 병원이었는데 어느새 간판만 간신히 보전하는 천덕꾸러기가 된 것이다. 정부가 방치한 탓이 크다. 지속적인 투자가 부족해 병원의 건물과 장비는 노후화되었고, 실력 있는 의사는 연봉이 더 높은 민간 병원을 선호했다.

정부가 내놓은 해결책은 '법인화'였다. "더 이상 경쟁력이 없으니"[9] 보건복지부가 직접 운영하는 소속 기관에서 별도 법인으로 떼어 내자는 것이다. "국립중앙의료원의 설립 및 운영에 관한 법률안"이 2009년 국회에서 통과됐다. 국립의료원이 별도의 법인이 되면서 '국립중앙의료원'으로 명칭을 변경하고 기존에는 보건복지부 소속 기관으로 당연히 정부 예산을 사용하던 것이 정부 예산을 '보조'받을 수 있는 지위로 변경됐다. 이러한 보조는 언제든 끊길 수 있다. 실제로 법인화 이후 국립중앙의료원은 환자에게 받는 진료비와 정부가 위탁한 사업을 수행해 받는 사업비로 경비를 충당하고 있다. 공공 의료를 수행하던 병원이 시장으로 절반쯤 나와 민간 병원과 경쟁하는 환경에 놓인 것이다.

그 밖에 중요한 변화는 또 있다. 국립중앙의료원 이전 신축에 필요한 비용을 현재 보유한 토지와 부속 건물을 매각해 충당하게 한 것이다. "국립중앙의료원의 설립 및 운영에 관한 법률안"은 국립중앙의료원 신축 이전 문제를 해결하려는 법이라기보다는 법인화, 즉 아웃소싱을 위해 마련한 특별법이었다. 따라서 국립중앙의료원 이전 문제는 특별법 제정으로 해소되었다기보다는 새로운 국면으로 접어들었다. 이 새로운 국면에서 국립중앙의료원 이전 논의가 풀릴 기미를 보이지 않고 있는 주된 이유는 네 가지로 볼 수 있다.

첫째, 협상 당사자인 서울시 시장과 보건복지부 장관 및 국립중앙의료원 원장이 몇 차례씩 바뀌어 논의가 중단되는 일이 잦았다. 2009년 이후로 본격적인 이전 논의가 있었는데, 2011년 서울시 시정은 사실상 파행을 거듭하다가 오세훈 시장이 사퇴하고 박원순 시장 체제로 들어섰다. 보건복지부는 2009년 이후로 2013년 현재까지 4년 동안 무려 네 차례나 장관이 바뀌었다. 국립중앙의료원은 법인으로 전환하는 작업과 맞물려 원장이 교체됐다. 둘째, 국립중앙의료원이 2010년 4월 부지 확대를 요청한 것도 논의를 어렵게 했다. 신축 부지 주변 체육 공원을 의료 시설 부지로 추가해 달라는 것이었다. 셋째, 서울시와 국립중앙의료원 사이에 신축 부지 땅값에 대한 이견이 좁혀지지 않고 있다. 넷째, 을지로 부지에 대한 매각을 둘러싸고도 의견 대립이 있었다. 세 번째와 네 번째 문제는 비용을 둘러싼 각 기관의 입장 차에서 발생한 것이다. 국립중앙의료원 입장에서 보자면 현재 땅은 비싸게 팔고 이전할 땅은 싸게 사는 것이 이익이다. 서울시 입장에서는 그 반대가 이득이 된다. 결국 신축 이전의 최대 걸림돌은 수백억 원이 걸린 돈인 셈이다.

국립중앙의료원 이전을 둘러싼 갈등을 이해하려면 왜 원지동 땅으로 이전할 수밖에 없는지에 대한 설명이 필요하다. 서울시는 2001년 서초동 원지동을 추모 공원, 즉 화장장으로 지정했다. 그린벨트인 원지동에 살던 주민 중 일부는 추모 공원을 혐오 시설로 보고 반대했다. 일부 주민들이 추모 공원 반대 소송을 제기해 사업이 일시 중단되기도 했다. 2003년 서울시와 원지동 주민들은 화장로 숫자를 줄이고 당시 국립의료원을 유치하는 내용을 담은 합의를 발표했다. 한 마디로 국립중앙의료원의 원지동 이전 안은 '혐오 시설'이 동네에 들어오는 것에 반대하는 주민들의 반대에 부딪힌 서울시가 화장장 건설의 반대급부로 내놓은 궁여지책의 타협안이었던 셈이다. 한 시민단체는 이에 대해 "복지부가 서울시가 올바르게 장묘 행정을 펴도록 견제하기는커녕 지역이기주의에 밀린 시의 편법에 편승하고 있다"고 비판했고, 〈경제정의실천시민연대〉도 "균형 잡힌 의료 서비스를 제공한다는 측면에서도 이미 종합병원이 많은 서초·강남 지역인 원지동에 병원을 세우는 것은 이해할 수 없다"[10]는 입장을 내놓았다.

화장장 건립을 반대해 주민들이 낸 소송은 2007년에 원고 패소했고, 추모 공원 조성 사업 및 국립중앙의료원 이전 논의는 본격화됐다. 2010년, 서울시와 국립중앙의료원은 신축 및 이전에 대한 상호 협약MOU을 체결했다. 국립중앙의료원은 2011년 7월 1일, 내부 인사로 구성된 '원지동 신축·이전 사업 추진단'을 만들고, 같은 날 '원지동 신축·이전 관련 실무 협의회 구성·운영 계획'을 수립했다. 실무 협의회는 보건복지부와 국립중앙의료원을 포함해 서울시, 서초구, 기획재정부, 국토해양부, LH공사, 한국자산관리공사, 도로공사 등 아홉 개 기관의 실무자 모임이다. "다각도로 이전 대책을 수립하라"는 당시 진수희 보건복지부 장관의 지시를 따른 것이었지만 산업 추진단과 실무 협의회는 눈에 띄는 성과를 보이지 못하고 국립중앙의료원 이전 논의는 지체됐다.

이 와중에 국립중앙의료원은 원지동을 포기하고 처음부터 다시 시작하자는 방안을 검토하기도 했다. 2013년 1월 이사회를 열고 가능성을 검토한 것이다.[11] 그러나 10년이나 지속된 논의를 백지화하는 것이 쉬울 리 없다. 국립중앙의료원은 한 달도 되지 않아 원지동 이전을 계속 추진하는 것으로 결정해 우왕좌왕하는 모습을 보였다. 같은 해 3월에는 원지동 병원 신축의 첫 삽을 뜨겠다며 기획재정부를 찾아가 예산을 요청했다. 2014년까지 건물 설계비 85억 원과 부지 계약금 90억 원 등 175억 원을 지원할 것을 기획재정부에 요청한 것이다.[12] 그러나 기획재정부는 을지로 부지 매각 없이는 신축에 따르는 중도금이나 잔금을 치를 수 없다는 이유로 예산 승인을 거부했다. 매각부터 하고 오라는 뜻이었다. 1년 전에도 기획재정부는 국립중앙의료원의 비슷한 요청을 거절한 바 있다.

그러나 을지로 부지 매각 문제는 꼬일 대로 꼬여 있다. 현재 국립중앙의료원은 동대문 패션 거리와 인접한 곳에 2만 7,573제곱미터 (8,340평)의 넓은 부지를 차지하고 있다. 이 곳은 대대로 금싸라기 땅이었지만 최근의 부동산 경기 침체 탓에 동대문 일대 토지 가격이 급락하고 새 시장 취임 이후 현 부지에 다른 공공 의료 시설을 짓자는 주장이 나오면서 매각이 어려워지고 있다. 보건복지부 관계자도 "그렇게 하면(의료 시설이 들어오면) 민간 사업자에게 제 값을 받고 땅을 팔기 어렵다"며 난색을 표한다.[13] 시간이 흐를수록 부지 매각을 어렵게 하는 변수만 늘고 있는 형편이다.

땅을 파는 문제도 그렇지만 사는 것도 문제이다. 원지동 부지 매입 비용을 둘러싸고 보건복지부 및 국립중앙의료원의 입장과 서울시의 입장이 다른 것이다. 보건복지부는 서울시가 주민들에게 매입한 금액인 600억 원만 주겠다는 입장이지만 서울시는 시세대로 985억 원(금융 비용 및 관리 비용 포함)에 매각하겠다는 입장이다.[14] 나중에 감정 기관의 평가에 따라 금액 차이를 좁히기로 합의했지만, 감정 기관 선정 및 평가 방식 등에 의견 차이가 있어 아직까지 평가가 이뤄지지 않고 있다. 이처럼 국립중앙의료원 이전 문제는 다양한 요인과 상황이 얽힌 탓에 도무지 해결될 기미를 보이지 않고 있다.

보건복지부가 국립중앙의료원에 배정한 외상센터는 서울에 위

치하는 유일한 외상센터가 될 것이다. 그러나 지금까지처럼 국립중앙
의료원의 신축 이전과 외상센터 건립이 함께 갈 경우 서울시는 장기
간의 의료 공백에 처할 수 있다. 박재갑 전 국립중앙의료원장은 이전
및 신축 가능 시기를 10년으로 예측했다. 2011년 5월 12일 보건복지
부 장관 면담에서 "신축 이전에 10여 년이 소요될 수 있으므로 부지
매각 시기 결정을 신중히 해야 한다"고 보고한 것이다.[15] 보건복지부
가 선정한 외상센터 16곳이 전국에 건립되고 운영되는 2021년이 된
다 해도, 서울 시민들은 외상센터의 혜택을 받지 못할 수 있다.

보건복지부의 결단이 필요하다. 국립중앙의료원에 외상센터를
지정하는 것을 포기하고, 서울에 위치한 다른 병원을 외상센터로 선
정하는 것이 하나의 방안이다. 국립중앙의료원 신축과 외상센터 설립
을 별개 사업으로 추진하자는 것이다. 총 17개의 외상센터를 관리하
고 평가하는 등, 국립중앙의료원에 맡기려 했던 행정기관으로서의 역
할은 건강보험심사평가원이나 의료기관평가인증원 등의 공공기관에
위탁하면 된다.

서울특별시는 거주 인구가 천만 명이 넘고 주간 활동 인구는 그
두 배가 넘는 거대 도시다. 이 수많은 사람들이 언제 어떤 사고를 당할
지 모르는 상황에서 어떤 이해관계나 현실의 문제도 정당화될 수 없
다. 또한 서울에 중증 외상 의료 공백이 계속될 경우 전국적으로 예방
가능 사망률을 20퍼센트까지 낮추겠다는 목표 역시 공염불이 되기
쉽다는 점에서도 획기적인 대안을 마련할 필요가 있다.

반성 없는 군 의료

군대는 또 다른 의료의 사각지대다. 제대로 치료받지 못해 젊은 병사가 사망하는 것은 하루이틀 일이 아니다. 2005년 노충국 씨가 전역 보름 만에 위암 말기 판정을 받고 석 달 뒤인 10월 사망한 일이 있었다. 당시 군의관이 자신의 오진을 숨기기 위해 진료 기록을 조작한 사실까지 드러나 군 의료 체계의 후진성이 국민들의 공분을 샀다. 결국 국방부 장관이 재발 방지를 약속하고 머리를 숙였다.[16] 군은 2006년 8월, 대통령에게 '군 의무 발전 추진 계획'을 보고했지만 장병들이 받는 의료 서비스의 수준이 크게 달라지지는 않았다. 대신 의무 관련 군인들이 줄줄이 승진했다.

의무사령관은 최초로 별 세 개인 중장을 달았다. 김록권 중장은 같은 해 1월 소장에서 1년도 안 돼 중장으로 진급해 의무 관련 병과에서 최초로 중장이 됐다.[17] 이전 11명의 의무사령관이 모두 별 두 개인 소장이고, 그 이전 11명의 의무사령관은 별 하나인 준장인 것을 감안하면 파격적인 인사였다. 지휘자가 승진한 덕에 의무병과 고위 군인들도 혜택을 받았다. 장성의 정원이 4명에서 10명으로 늘어났다.[18] 의무사령관 등의 진급에 대해 군 관계자는 "김록권 사령관의 중장 진급은 국가가 나서서 책임지고 군 의료 서비스를 획기적으로 개선하겠다는 굳은 의지를 재차 표명한 것으로 해석할 수 있다"고 평가했다. 별 두 개 짜리인 일선 사단장들이 병사들을 병원에 잘 보내지 않으니, 의무사령관을 별 세 개로 만들어야 한다는 논리다.

그러나 별을 하나 더 달아 준다고 해서 군 의료가 갑자기 개선되는 것은 아니다. 김록권 중장의 뒤를 이은 의무사령관은 다시 별 두 개로 계급이 낮아졌다. 그도 그럴 것이 진급을 시켰다고 해서 특별히 나아진 것이 없었기 때문이다. 국방부는 2011년 "군 의무 발전 추진 계획을 통해 확보된 정원의 인력 확보가 미흡했다"고 밝힘으로써 계획이 실패로 돌아갔다는 것을 일부 인정했다.[19] 2013년 현재 의무사령관은 별 하나인 준장이다.

군 의료는 2011년에 또 다시 사회적 질타를 받았다. 민주당 주승용 의원은 군 장병 5,500명이 항우울제를 1년 동안 약 백만 정 복용한 사실 등을 밝혀냈다. 식품안전의약처는 일부 항우울제의 경우 24세 이하 젊은이가 복용할 경우 오히려 자살 충동이 높아지는 부작용을 경고하며 5주~6주 이상 장기 복용 시 유의할 것을 권고하고 있다. 하지만 군은 대부분 환자에게 6개월 이상 장기 처방했다. 국방부는 "정신과 전문의가 규칙에 따라 처방했기 때문에 문제가 없다"고 해명했다. 그러나 정신과 전문의가 항우울제를 장기 처방할 정도로 심각한 우울증을 앓고 있는 병사라면 군에 남겨두기 보다는 전역시키는 것이 바람직할 것이다. 특이한 점은 또 있다. 국방부가 주승용 의원에게 제출한 자료에 따르면 향정신성의약품 수면제인 '스틸녹스'는 육군 3군단에서만 4,200개가 처방됐다. 국방부는 뒤늦게 "1군단에서도 720정이 처방됐다"고 제출 자료의 오류를 인정했으나, 육군의 다른 부대와 다르게 3군단에만 수면제 처방이 집중된 이유는 해명하지 못했다.

　같은 해 4월, 한 훈련병이 제대로 치료받지 못해 사망한 사건은 국민적 분노를 폭발시켰다. 논산 육군훈련소 노우빈 훈련병이 야간 행군을 마친 뒤 고통을 호소하며 의무실을 찾았으나 군의관 대신 의무병에게 진통제 두 알을 받았고, 다음 날 사망한 것이다. 새누리당 김학송 전 의원은 또 다른 사례를 찾아냈다. 2010년 12월, 홍천 제1 야전수송교육대에서 훈련받던 이등병은 뇌수막염에 걸렸지만 제대로 치료받지 못해 사망했다.

　군에 대한 국민적 비판의 목소리가 높아지자 군은 이번에도 대책을 세웠다. 국방부는 국방부 차관을 위원장으로 한 '군 의료 체계 보강 추진 위원회'를 만들어 '2012~2016 군 의료 체계 개선 계획'을 만들었다고 2011년 10월 밝혔다. 이 개선 계획에는 질병의 사전 예방, 조기 진단 및 신속한 후송, 장병이 만족하는 치료 등, 총 11개 과제가 포함됐다. 이 중에 국군수도병원에 중증외상센터를 신설하는 방안이 포함됐다. 국방부는 외상센터 건립을 위한 시설·장비 마련에 약 80억 원을, 인건비를 포함한 연간 운영비에 약 83억 원을 배치해 총 163억 원이 필요하다고 추계했다.

　그런데 2년도 지나지 않아 이 금액은 천정부지로 불어났다. 국방부가 2013년 7월 민주당 김광진 의원에게 제출한 '국군중증외상센터 예산 사업 설명서 및 집행 일정'을 보면 외상센터를 짓고 장비를 구매하는 데만 약 1,016억 원이 필요하다고 나와 있다. 기존 계획에 비해 약 13배 늘어난 것이다. 보건복지부가 전국 17개 외상센터를 지원하는 데 드는 전체 사업비 약 2천억 원의 절반 수준이다. 국방부는 중환자실 40병상, 일반 병실 120병상 등, 총 160병상을 갖춘다는 계획 하에 건물을 짓는 데 800억 원, 의료 장비를 구매하는 데 약 200억 원, 설계비 등에 약 16억 원이 필요하다고 계산했다. 군 입장에서는 큰 그림을 가지고 세계적 수준의 외상센터를 건립할 계획을 세운 것이라고 할 수도 있다. 그러나 정작 국군수도병원에는 중증 외상 환자를 수술할 의사가 없다는 게 문제다. 군이 진정으로 장병들의 의료 서비스의 질 개선에 관심이 있다면, 겉만 번지르르한 계획이 아니라 현실적으로 가능한 부분부터 개선해 나가려는 노력과 의지를 보여줘야 한다.

한편 국군수도병원은 중증 외상 환자가 몰리는 병원도 아니다. 국방부는 외상센터를 만들어 "군 내 다빈도 질환인 외상을 전문화해 군 의료에 특화된 최상의 의료 서비스를 선도적으로 제공한다"는 입장이다. 외상 환자가 많으니 외상센터를 짓겠다는 것이다. 그러나 국방부가 작성한 통계[20]를 보면, 중증 외상은 군의 다빈도 질환도 아니고 국군수도병원에 의료 수요가 집중되지도 않았다. 2012년에서 2013년 5월까지 17개월간 국군수도병원에서 이루어진 수술 6,872건을 분석한 결과, 외상센터를 필요로 하는 중증 외상 환자는 거의 없었고 좋게 봐줘야 20건에서 30여 건에 불과하다. 이 정도라면 사고 즉시 군 헬기로 환자를 실어 아주대병원 같은 외상센터에 보내고 진료비를 납부하는 것이 훨씬 경제적이다. 그 편이 환자에게도 안정적이고 질 좋은 의료 서비스를 제공하는 길이 될 것이다.

국군수도병원의 외상 환자 대부분은 무릎이나 척추 수술을 받았다. 아마도 작업이나 훈련, 또는 축구 등의 운동을 하다 다친 장병일 것이다. 이러한 환자들을 치료하기 위해 군이 외상센터까지 세울 필요는 없다. 현재의 국군수도병원 시스템을 개선하는 것으로도 충분하다. 더욱이 국방부는 중증 외상에 대해 기본적인 이해도 갖추지 못하고 있다. 국방부는 수술 실적 관련 자료를 작성하며, 환자의 중증도를 판별하는 기준을 수술 시간으로 잡았다. 중증 외상 환자의 중증도 판별은 환자의 손상 정도ISS에 따라 분류하는 것이 의학 교과서에 나온 방식이다. 혹시나 해서 이국종 교수에게 중증도 판별 기준을 수술 시간으로 정하는 방식이 있는지 문의하자 "그런 기준은 처음 듣는다"는 답이 돌아왔다.

이쯤 되면 국군수도병원에 외상센터를 짓느냐 마느냐를 논할 게 아니라 군 의료를 전면적으로 재검토해야 한다는 주장이 힘을 얻는 게 당연하다. 현재 군 의료 전달 체계를 민간과 비교하면, 대대와 연대 의무실은 의원급으로, 장병의 건강관리와 경증 환자 투약 및 처치, 중증 환자 후송을 맡고 있다. 사단 의무대는 병원급으로, 전문 과목별 외래 진료와 군 병원 퇴원 후 회복기 환자의 단기 수용을 책임진다. 군 병원은 종합병원으로, 수술 환자 등 급성기 환자에 대한 입원 치료를 중심으로 하고, 국군수도병원은 상급 종합병원으로, 최고의 군 의료 기관이다.

일견 체계적인 것 같지만 환자 입장에서는 그 효과를 체감하기 어렵다. 국방부의 연구 용역 결과를 보더라도, 환자들은 군 병원 보다 민간 병원을 선호했다.[21] 환자 1,810명을 대상으로 한 설문에서 군 병원이 모든 환자를 전담해야 한다고 답한 비율은 34퍼센트에 불과했고, 민간 병원 이송은 66퍼센트에 달했다.✚ 953명의 군 병원 종사자들을 대상으로 한 설문 결과도 이와 유사한 수준으로, 36퍼센트만이 군 병원이 전담해야 한다고 답했다.

국방부도 군 의료의 현 상태에 대해서는 잘 알고 있다. 같은 연구에서 지속적인 군 의료 질 저하로 군 병원 기피 현상이 나타나고 있는 것을 아프게 지적하기도 했다. 보고서는 "군 병원 전문성을 이유로 내원하는 고객은 5퍼센트에 불과하고 제대 군인들은 군 의료에 대해 매우 부정적으로 인식하고 있어 군 의료 브랜드가 하락했다"고 분석했다. 이로 인해 민간 병원으로 환자가 이동한다는 것이다. 주요 진료과조차 군의관이 부족하고, 군의관의 전문성도 떨어져 의료사고가 빈번하게 발생하며, 단기 군의관 중심인 탓에 민간 병원의 의사와 숙련도에 있어 차이가 날 수밖에 없는 악순환에 빠져 있다는 것이다.

이처럼 군 의료 서비스에 대한 불신이 팽배하지만 국방부의 개

✚ 기본적 진단 후 필요 시 민간 후송이 바람직하다고 답한 사람이 22.8퍼센트, 군 특수
질환은 전문화하되 그 외 영역은 민간 후송이 바람직하다는 의견이 42.5퍼센트였다.

선 의지는 늘 '계획' 수준에만 머물고 있다. 그 계획조차 번번히 실패로 돌아간 지금, 차라리 경증 환자 및 수술을 마치고 요양이 필요한 환자는 군 병원이 맡고, 중증 외상 환자 등 수술이 필요한 환자는 민간 병원으로 즉시 후송하는 것이 바람직할 것이다. 경제적인 면에서도 국군수도병원에 새 건물을 짓는데 1,016억 원을 쓰고 인력을 확충하는 데 해마다 176억 원을 쓰는 것보다 민간 병원에 환자를 보내 치료비를 지원하는 편이 더 낫다.

10년 뒤, 당신을 위한 응급실

2013년 아주대병원은 결국 외상센터에 선정됐다. 보건복지부는 7월 24일 '2013년도 제2차 권역외상센터 4개소 선정' 보도자료를 통해 아주대병원, 울산대병원, 을지대병원, 전남대병원 등 네 곳을 외상센터로 선정했다고 밝혔다. 비록 늦었지만 다행스러운 결과였다.

이국종 교수는 "서둘러 센터에 걸맞은 중환자실을 갖추고 외상 환자 치료에 헌신할 수 있는 좋은 의사들을 뽑을 계획이다. 센터가 들어서면 한 해 1천 명 정도의 중증 외상 환자를 진료할 수 있을 것이다"라며[22] "그동안 아주대병원이 중증외상특성화센터를 운영하며 전담 의료진을 양성하는 한편 외상 환자에 대한 신속하고 정확한 원스톱 서비스를 제공해 온 노력이 인정받은 것 같아 기쁘다. 이번 권역외상센터 지정을 계기로 남부 지역의 중증 외상 예방 가능한 사망률을

10퍼센트로 낮추도록 최선을 다하겠다"[23]고 소감을 밝혔다.

아주대병원 중증외상센터는 현재 병원 장례식장 부지에 지하 1층, 지상 5층 규모로 2016년까지 신축될 예정이다. 중환자실 병상은 현재 20개에서 50개로 늘어난다. 하나뿐인 전용 수술실도 세 개로 늘어나 대형 교통사고가 발생해 환자가 한꺼번에 들이닥쳐도 적극적으로 수술할 수 있게 된다. 신축 전까지는 리모델링을 통해 시설을 보완하고 의료 인력을 더 선발하기로 했다. 보건복지부가 지원하는 80억 원 외에도 경기도가 2015년까지 200억 원을 지원하기로 결정한 덕분이다. 아주대병원도 비용을 부담할 계획이다. 아주대병원에 외상센터가 신축되면 연간 치료받을 수 있는 환자는 현재 300명~400명 수준에서 약 1천 명으로 세 배 가량 늘어난다. 또한 의료 인력을 추가로 선발할 수 있어서, 양질의 외상외과 의사를 육성하는 효과도 기대할 수 있다. 추후 외상센터에 선정되는 병원의 의사들이 파견 교육을 올 수도 있다. 의료의 질이 전반적으로 향상된다고 기대해도 좋다.

아주대병원 바깥에서도 희망찬 소식이 들려온다. 한국도로공사와 〈대한외과학회〉는 2013년 8월 21일, 공동으로 '고속도로 중증 외상 환자 생존 향상을 위한 협약식'을 개최했다. 기존에는 응급 환자를 위해 119 구급대원만 헬기를 호출할 수 있었는데 이제는 한국도로공사 교통사고 담당 직원들도 직접 헬기를 호출할 수 있게 됐다. 소방방재청과 협의가 이뤄진 덕분인데, 이런 상황에서 한국도로공사 직원들이 중증 외상 환자를 식별할 수 있도록 〈대한외과학회〉가 교육에 나서기로 한 것이다.

2011년 "응급의료에관한법률 개정안"을 만들고 2013년 아주대병원이 외상센터에 선정되기까지 걸린 기간은 4년이었다. 내게는 이 시간이 순식간에 흘러간 것만 같은데 법안이 발의되기 10년 전부터 중증 외상 환자들을 치료해 온 이국종 교수나 현장 의료진들에겐 충분히 긴 시간이었을 것이다. 예전에 이국종 교수는 내게 "나는 앞으로 길어야 10년이다"라고 말한 적이 있다. 헬기에 타서 환자를 이송하고, 며칠씩 밤을 새며 병원에 머무르고, 하루에도 몇 시간 걸리는 수술을 한 번도 아니고 두세 번씩 하는 지금과 같은 생활을 나이가 더 들어서 할 수 있겠냐는 뜻이었다. 당시에는 한탄 섞인 그 말에 그저 가슴이 철렁 내려앉았지만, 이제는 희망을 품어 본다. 1968년생인 이국종 교수는 10년 뒤에는 50대 중반이 된다. 그때가 되면 아주대병원과 전국의 외상센터에는 백 명도 넘는 이국종과 같은 의사들이 외상센터를 지킬 것이다. 당신과 우리 모두를 위한 병원이다.

중증 외상을 지켜온 사람들

병원
사용
설명서
7

한국에서 중증 외상은 병원들의 무관심과 냉대 탓에 아직까지 전문
분야로 성장하지 못하고 있다. 부족하나마 정부가 권역외상센터 선정
사업에 박차를 가한 뒤로 중증 외상이 의료계에 뜨거운 이슈로 떠오
르긴 했지만 아직은 시작 단계 머무르고 있는 형편이다. 외상센터로
선정된 병원에서조차 환자를 떠넘기는 악습이 반복되는 상황이고 보
면 중증 외상이 제대로 된 의료 체계를 갖추기 전까지는 앞으로도 수
많은 시행착오가 예상된다. 그런 점에서 보면 아주대병원 중증외상특
성화센터는 중증 외상 환자를 위한 거의 유일한 병원이다.

　아주대 하면 이국종 교수가 떠오를 정도가 됐지만, 병원엔 이국
종 교수만 있는 것이 아니다. 이국종 교수 혼자였다면 아주대 중증외
상특성화센터는 일찌감치 문을 닫았을 것이다. 석해균 선장을 이송할
때 이국종 교수와 오만까지 동행했던 정경원 조교수와 김지영 간호

사, 그리고 권준식 임상 강사가 있다. 이들은 왜 다른 사람들이 하지 않는 고생스러운 일을, 인정받지 못할 것을 뻔히 알면서도 계속하는 것일까? 문득 그 속내가 궁금해졌다.

기도하는 의사 _정경원

1976년생인 정경원 교수는 부산에서 자라 부산대 의대에서 수련했다.

> "사실 치과 대학에 가고 싶었는데, 지금 생각해 보면 그랬다면 후회했을 것 같아요. 수술하는 게 더 좋거든요."

의대에 다니는 동안 의료 선교단에 참여하겠다는 계획을 세웠고, 오지에 가려면 외과가 나을 것 같아 전공을 일반 외과로 정했다.

> "생각해 보면 동기들하고 당직 서던 그때가 참 좋았습니다."

동기는 네 명이었고, 다들 사명감에 차 있던 때였다. 자기 환자를 동기들에게 맡기고 퇴근해도 걱정이 없었다. 환자를 보고 수술하는 것에서 즐거움과 보람을 찾던 시기였기 때문에 당직이 아닐 때도 병원에 꼬박꼬박 나왔다. 외상 환자를 기피하는 경향은 당시에 더 심했지만 정경원 교수와 동기들은 외상 환자도 별 말 없이 받았다. 당시의 동기들은 부산과 양산 지역에서 각각 화상과 간이식, 위암을 전문으로 하고 있다. 정경원 교수도 양산 부산대병원 혈관외과에서 자리를 제안 받았지만 외상외과가 더 매력적이었다. 그래서 2010년 아주대병원에 오게 됐다.

"외상외과는 기술도 중요하지만 빠른 판단이 더 중요해요."

어느 날 부부싸움 중에 아내가 남편의 가슴을 찌른 사건이 발생했다. 배를 찔리면 웬만해서는 죽지 않지만 사고 부위는 가슴이었다. 가슴은 심장과 폐가 있는 치명적인 부위이다. 정경원 교수는 이송하는 도중 그 환자의 가슴을 열고 수술을 시작했다. 환자의 심장이 계속 멎었기 때문이다. 하지만 심장을 뛰게 만들어 봤자 다시 심장 정지가 일어나는 일이 반복됐다. 이 환자는 결국 사망했다. 정경원 교수는 이송 중 수술을 결정한 판단은 맞았다고 생각한다. 하지만 더 많은 경험이 쌓이면 더 나은 판단을 신속하게 내릴 수 있다는 생각에 그날 이후 흉부외과에서 수련을 계속하고 있다.

한 언론이 정경원 교수를 아침마다 환자를 위해 기도하는 의사로 소개한 적이 있었다. 당시 기사를 언급하니 정경원 교수는 껄껄 웃으며 날마다 모든 환자를 위해 무릎 꿇고 손을 모아 기도하는 것은 아니라고 말한다. 다급할 때 자신도 모르게 마음속에서 튀어나오는 게 기도라는 것이다. 특히 아이들이 실려 온 경우에는 누구나 그럴 수밖에 없다고 말한다. 종교를 떠나, 환자를 쾌유를 진심으로 기도하는 의사를 만나기는 쉽지 않은 일이다.

정경원 교수는 중요한 위치에 있다. 아주대병원에서 배운 외상외과 의사들은 국내 중증 외상 분야의 최전선에 있는 이들이다. 이들은 아주대병원에 그대로 남을 수도 있지만 의료계와 환자들을 위해서도 전국 각지로 흩어지는 게 바람직하다. 그곳에서 자신과 같은 후

배 의사들을 양성하는 것이 정경원 교수 같은 이들의 역할이 아닐까? 정경원 교수는 그런 자리가 주어진다면 노력해야겠지만 아직은 자신이 없다고 겸손하게 말한다.

아주대 중증외상특성화센터의 사령부 _김지영

1971년생인 김지영 간호사는 아주대병원 중증외상특성화센터의 외상 코디네이터이다. 김지영 간호사가 없으면 센터가 돌아가지 않는다는 건 과장이 아니다. 김지영 간호사의 손길이 미치는 곳은 외상센터 행정과 홍보에서부터 건강보험 업무, 보호자 응대, 원무팀과의 협력, 수술 참여, 헬기 출동 등 센터의 거의 모든 업무를 포괄한다. 그 밖에 환자의 사진을 찍고, 출동 시 동영상을 찍거나 후배 간호사들과 응급 구조사들의 교육을 맡는 등, 부수적인 일까지 합하면 한 사람이 해 낼 수 있는 일을 훌쩍 뛰어넘는다. 외상센터의 살림꾼이자 실무 의사 결정자이기도 한 김지영 간호사는 이국종 교수와 석해균 선장을 이송하기 위해 오만을 다녀오기도 했다. 김지영 간호사는 아주대 중증외상센터의 과거이자 미래라는 생각이 들었다. 그녀가 없었다면 중증외상특성화센터는 벌써 사라졌을 것이다.

김지영 간호사는 1994년에 아주대병원에 들어와 응급실에서만 내리 8년을 보냈다. 그런 뒤에는 외래와 인증 평가를 담당하는 업무를 맡아 5년을 보내고 2006년 캐나다로 유학을 떠났다. 캐나다는 외국인에게 자국 간호사 면허를 까다롭게 부여하기로 유명한 곳이다. 그런 곳에서 김지영 간호사는 1년 만에 면허를 따냈다.

"캐나다 근무 조건이야 좋았죠. 권위적이지도 않고 인력도 충분해서 한국에서처럼 교대 이후에도 잔업을 해야 하는 일 같은 건 없었어요. 2년 동안 신 나게 일했죠."

한국에 돌아올 생각은 안 했냐고 물으니 단번에 "눈곱만큼도 없었다"는 답이 돌아왔다. 한국에 온 것은 캐나다 영주권을 받기 전 한국 생활을 정리하러 온 것이었다. 적금과 보험을 해지하고 집을 내놓았다. 휴식을 포함해 1년만 한국에 있기로 했다. 그런데 심심했다. 그래서 아주대병원에서 아르바이트를 했다. 외래와 내시경을 번갈아 했다. 그러다 이국종 교수가 그녀를 찾았다. 피 묻은 수술 가운을 입고 와서 디지털 카메라로 자신의 수술 장면을 보여 줬다.

"이런 일 하는 사람인데 같이 일해 보지 않겠냐고 하더라고요."

김지영 간호사는 다른 과에서 이미 도움 요청이 들어왔고 자신은 1년도 채우지 못하고 떠날 사람이라고 완곡하게 거절했지만 이국종 교수는 기다리겠다고 했다. 기다린다던 이국종 교수는 다음 날부터 김지영 간호사 집으로 계속 전화를 했다. 김지영 간호사는 2010년 3월 중증외상특성화센터로 출근했다.

응급실 경력이 8년 차라는 건 응급실에 오는 어지간한 환자들은 다 봤다는 말이다. 응급실에 환자가 깔려 있는 것, 중증 외상으로 응급실에 오면 그냥 죽는다는 것을 잘 알고 있었다. 여러 과에서 내려와

서 환자를 보긴 보는데 환자 상태는 나빠진다. 보호자들은 밤새 간호사들에게 매달리는데 환자는 결국 사망하고 누구 하나 책임지지 않았다.

"그런 응급실 생활이 좋을 리 없죠. 그런데 이국종 교수와 일하다 보니 못 보던 일을 겪게 되더라고요."

이국종 교수는 다른 곳이라면 깔려 있다 그대로 죽었을 환자들을 한 명 한 명 거둬 치료를 했다. 그러면 환자는 보란 듯이 회복을 했다. 처음엔 그 모습을 지켜보는 게 그저 신기했는데, 어느 새 2년 넘게 응급실을 떠나지 못하고 있다.

환자를 찾아 아주대병원에 왔다 _권준식 임상 강사

1982년생인 권준식 임상 강사는 특이한 이력을 가졌다. 일반적으로 소위 주요 대학의 의대를 졸업하면 모교의 병원에 들어가 전공의 과정을 이수한 뒤 그대로 병원에 남거나 개원한다. 권준식 강사는 연세대학교 의과대학을 졸업해 세브란스병원에서 수련의를 하고 서울대병원에서 전공의를 마쳤다. 그리고 아주대병원에 왔다. 도제식 수련 문화를 유지하는 국내 의료계에서는 흔치 않은 이력이다. 특히 세브란스병원은 모교 출신 의사들의 내부 결속력이 더 단단한 것으로 알려져 있다. 세브란스병원의 힘이자 한계라고도 한다.

"아웃사이더가 되면 의사로서의 신념이, 없던 신념까지 생기지 않을까, 하는 막연한 생각은 있었죠."

부모님이 원해서 들어오기는 했지만 의과대학에 와 보니 적성에 맞다는 것을 알았다. 실용적인 학문을 하며 사람을 많이 만나는 것이 의미 있는 일로 여겨졌다. 그래서 의대 본과 시절부터 외과로 가겠다는 결정을 했다. 정경원 교수와 마찬가지로 의사로서 더 많은 사람에게 봉사하고 싶다는 생각에서였다. 외과 의사가 되면 실과 바늘, 칼만 있으면 아무것도 없는 오지에서도 다른 사람들에게 도움을 줄 수 있겠다 생각했다.

현실은 달랐다. 많은 외과 의사들이 암 전문가가 됐다. 아예 암을 적출하는 외과가 특화되었다. 응급실에 오는 외과 계열 환자들은 주로 위암 수술을 받고 내용물이 정체되는 장 폐색증 같은 증상으로 실려 왔다. 서울대병원 응급실은 늘 붐볐다. 병상이 없는 병원에 구급대는 환자를 이송하지 않았다.

조종사에게는 비행시간이 중요하듯이 외과 의사에게는 수술 경험이 중요하다.

"어떤 수술이든 백 번만 하면 통달할 수 있어요. 수술 많이 하는 의사는 못 당하죠."

특히 외상외과는 러닝 커브가 완만하다. 수련 기간이 길어도 숙련도가 천천히 올라가는 것이다. 그래서 아주대병원으로 왔다. 서울대병원에도 국내 최고의 실력을 갖춘 스승들이 많았지만 외상외과는 걸음마 수준이었다.

"아주대병원에선 전혀 다른 의학을 배우는 것 같아요. 예전에 사고로 간이 깨졌을 때 배를 열면 위험하다는 말을 들었는데, 실제 현장에서는 그와는 전혀 반대되는 원칙이 맞을 때가 있어요."

권준식 강사에게 이국종 교수는 은인이다. 이국종 교수가 없었다면 외상외과를 하고 싶어도 국내에선 배울 길이 없었을 것이기 때문이다. 그래서 거의 매일이 당직인 고된 생활이지만 행복하다. 그의 삶의 질을 높이는 건, 실려 온 환자를 맞이하고, 문제를 해결하고, 고맙다는 인사를 듣는 것이다.

권준식 강사는 얼마 전(2013년) 군에 입대했다. 군은 그를 강원도의 군국홍천병원으로 배치했다. 홍천병원에는 중환자실 병상이 단 한 개도 없다. 군은 국내에 몇 안 되는 외상외과 의사를 외상 환자를 치료할 수 없는 병원으로 보낸 것이다. 국군수도병원에 외상센터를 짓겠다던 군의 호언장담이 무색해지는 대목이다. 문득 서울대병원 시절을 회상하며 권준식 강사가 지나가듯 했던 말이 떠오른다.

"지금 생각해 보면 당시에 작은 병원으로 간 환자들은 아무도 관심 갖지 않은 사각지대에서 죽어갔던 것 같아요."

권준식 강사가 제대 후에도 외상외과 의사로서 자신의 뜻을 마음껏 펼칠 수 있기를 바랄 뿐이다.

병원이 적자 영수증을 들이밀며 의사들에게 실적을 내라고 압박하는 게 오늘의 현실이다. 전통적으로 비인기 과목이었던 외과나 흉부외과 외에 산부인과, 가정의학과, 소아청소년과 등도 기피 과목이 되고 있다. 많은 의료인은 병원의 경영 논리와 의료인으로서의 양심 사이에서 고뇌하며 자신이 최선이라 생각하는 길을 택하고, 또 많은 예비 의료인은 편한 길을 버리고 희생을 감수할 각오를 한다. 이들이 겪는 갈등이 깊어지고 고민이 길어질수록 제 이, 제 삼의 이국종 교수를 기대할 수도 있을 것이다. 그러나 언제까지 이들에게 희생을 강요할 수는 없다.

1년 중 집에 들어간 날이 손가락으로 꼽을 만하고, 신념에 따라 선택한 기회비용이 경력 단절로 돌아오고, 한 사람이 감당하지 못할 일을 할 수밖에 없는 현실은 바뀌어야 한다. 이들의 영웅적 선택과 노력이 그저 평범한 의사의 소박한 결단이 될 수 있기를, 중증 외상을 비롯한 의료 서비스의 사각지대에서 일하는 이들이 보상과 보람을 함께 느끼게 될 그날이 오기를 바라 본다.

중증 외상,
모두가 행복한 것이 문제

〈한국환자단체연합회〉
안기종 상임 대표를 만나다

박철민
『치료받지 못한 죽음』 저자

안기종
〈한국환자단체연합회〉
상임 대표

의료 환경은 의료 정책을 결정하는 정부, 의료 행위를 하는 의료진, 의료 서비스의 구매자인 환자와 보호자로 구성된다. 책에서는 주로 정부의 정책과 의료진의 의료 행위에 초점을 맞췄지만 환자 역시 일 방적인 서비스 수혜자로만 머물지 않는다. 환자나 보호자는 부당하다고 생각하는 의료 정책을 개선하기 위해 집단적인 목소리를 내기도 하고 부적절한 의료 행위에는 불만을 표하기도 하면서 현실의 의료 환경에 적극적으로 개입한다. 의료 정책의 수혜자이자 의료 서비스의 소비자로서 당당히 의료 환경의 한 축을 이루고 있는 것이다.

『치료받지 못한 죽음』의 출간을 앞두고 책의 빈 부분을 메우기 위해서라도 환자들 편에서 중증 외상 의료 체계를 재고할 필요가 있겠다는 생각이 들었다. 〈한국백혈병환우회〉 대표이자 〈한국환자단체연합회〉 상임 대표인 안기종 씨와의 만남은 그렇게 이루어졌다. 〈한국백혈병환우회〉는 다국적 제약회사 〈노바티스〉를 상대로 백혈병 치료제인 '글리벡'의 공급과 가격 인하를 이끌어 낸 단체다. 〈한국환자단체연합회〉는 2010년 일곱 개 환자 단체가 모여 창립되었으며, 정부와 의료계를 상대로 환자들의 목소리를 꾸준히 전달하고 있다. 최근에는 최초의 환자 중심 언론 매체 『환자리포트』 창간을 준비하고 있기도 하다.

국회 보건복지위원회 일을 하면서 여러 환자 단체를 만났지만 안기종 대표는 그중에서도 열정과 끈기로는 둘째가라면 서러워할 사람이었다. 한창 바쁠 때 이루어진 인터뷰였기 때문에 큰 기대를 하지 않았건만 이번에도 어김없이 환자와 보호자 입장에서 중증 외상과 관련해 제기할 수 있는 질문 보따리를 한 아름 안고 왔다. 덕분에 중증 외상이 왜 문제인가에 관한 기본적인 이야기에서부터 의료 현장에서 외상 환자들에게 실제로 도움이 될 만한 이야기까지 구체적이고 생생한 대화가 오갈 수 있었다.

죽은 환자는 아무 말이 없다

박철민_{이하 박} 바쁘실 텐데 시간 내 주셔서 감사합니다. "응급의료에관한법률 개정안"이 국회에서 통과될지 말지 아슬아슬했던 순간이 어제 같은데 권역외상센터 사업이 어느덧 2년차에 접어들었고, 아주대병원이 마침내 외상센터로 선정되었다는 반가운 소식도 들려옵니다. 대표님을 비롯해 〈한국환자단체연합회〉도 개정안 통과에 깊은 관심을 보이신 것으로 알고 있습니다. 특별히 중증 외상에 관심을 갖게 된 이유를 여쭤 봐도 될까요?

안기종_{이하 안} 중증 외상에 관심을 갖게 된 이유를 묻는다면, "잘 모르기 때문에 관심을 갖게 됐다"고 답하는 게 정확할 것 같습니다. 개정안 통과 당시에도 제대로 대응을 하지 못한 게 내내 아쉬웠습니다. 개정안이 통과되기 어렵다는 소식을 듣고 부랴부랴 권역외상센터의 필요성을 촉구하는 성명서를 준비하긴 했는데, 갑자기 통과가 되

는 바람에 그에 대해 별 발언을 하지 못했습니다. 중증 외상에 본격적인 관심을 갖게 된 것은 작년(2012년)에 경기도의회에서 열린 토론회("외상 환자를 살리기 위한 경기도 외상센터 구축 방안 토론회")에서 이국종 교수의 발제를 듣고 나서였습니다. 토론회 발제를 듣다가 감동해 눈물을 흘려 본 건 그때가 처음이었던 것 같습니다.(웃음) 중증 외상 환자들을 위한 의료 체계가 전무하다시피 한 현실에 놀랐고, 그 때문에 충분히 살 수 있는 사람들이 숱하게 죽어 가는데도 누구 하나 문제 제기하지 않는다는 사실에 암담한 기분마저 들었습니다.

박　환자 단체에서 활동하시면서 여러 환자들을 만나보셨을 것 같습니다. 중증 외상의 특성에 대해 말하기 이전에 중증 외상 환자들이 다른 환자들과 다른 점이 있다면 무엇이 있을지 궁금합니다.

안　중증 외상 환자들의 특성이라면 '보이지 않는다'라는 데 있을 겁니다. 이를테면 저희 단체에는 거의 날마다 전화가 옵니다. 건강보험이 적용 안 되는 항암제를 보험 되게 해 달라는 전화가 대부분입니다. 그러면 심평원(〈건강심사보험평가원〉)에 뛰어다니고 복지부로 뛰어다니는 게 저희 일입니다. 그런데 응급실 쪽에서는 민원이 거의 없어요. "환자를 살릴 수 있었는데 받아 주는 병원이 없어서 죽었다", 이런 민원이 없는 겁니다. 현실에서는 버젓이 일어나고 있는 일인데도 말이죠.

물론 의료계는 고도로 전문화되어 있기 때문에 환자들이 자기 목소리를 내기 어렵습니다. 그래도 가족 중 누군가가 암에 걸렸다고 하면, 일단 온가족이 비상에 걸립니다. 가족회의를 열어서 어느 병원, 어떤 의사에게 가는 게 좋겠다고 결정을 해요. 그 과정에서 전문가 못지않은 공부를 하기도 합니다. 그러면서 부실한 의료 체계에 눈을 뜨기도 하고 공통의 이해관계를 바탕으로 환자들끼리 뭉쳐서 "우리 이 문제를 해결해 보자" 나서기도 합니다. 반면 중증 외상은 책에도 쓰셨지만 환자도 보호자도 눈앞의 불행에만 급급하다가 환자로서, 혹은 보호자로서 개입할 지점을 놓쳐 버리는 것 같습니다. 가장 큰 문제는 일반인들에게 '중증 외상'이라는 영역 자체가 참 낯설다는 겁니다. 저 역시 오늘 중증 외상과 관련해 묻고 갈 것들이 많습니다.

안기종 대표는 "단체의 활동 폭은 민원에 따라 정해진다"고 말하며 중증 외상 분야에서 환자들의 목소리를 들을 수 없는 게 답답하다고 토로했다. 사망한 환자들은 침묵할 수밖에 없고 보호자들은 슬픔에 입을 다물게 된다. 환자와 보호자의 침묵이 병원과 정부의 무관심에 더해져 중증 외상 의료 체계의 부재라는 거대한 블랙홀이 생겨난 건 아닐까? 이 침묵의 문제를 좀 더 파고들어야겠다고 생각했다.

박　　사실 외상 자체는 우리에게 결코 낯설지 않습니다. 주변에 불의의 사고를 당한 사람이 없진 않을 겁니다. 통계적으로 봤을 때도 40대 미만 인구의 사망 원인 가운데 중증 외상이 단연 1위입니다. 사고가 느닷없이 찾아오듯 모든 중증 외상 환자는 어떤 준비도 없이 대부분 의식이 없는 채로 수술실에 들어갑니다. 그렇다 하더라도 분명 숨이 붙은 채로 병원에 들어온 환자가 병원에서 사망을 했는데 의료진도, 보호자도 아무런 말이 없다는 건 이상한 일이지요.

안　　중증 외상과 관련해서는 의사도 침묵하고 보호자도 침묵하는 게 현실인 것 같습니다. 그럼에도 제 입장에서는 보호자들의 침묵은 어쩔 수 없는 것으로 여겨집니다. 아침에 밥 잘 먹여서 보낸 아들이 밤늦도록 집에 들어오지 않아 걱정하고 있는데, 새벽에 병원에서 전화가 와요. 병원에 가 보니 몇 시간 전까지 멀쩡했던 아들이 병상 위에 차갑게 식어 있으면 그 심정이 어떻겠습니까? 그 엄청난 불행 앞에서 죽음 배후에 무엇이 있는지, 원인이 무엇인지, 살아날 가망은 정말 없었던 것인지, 일일이 따져 물을 여유가 없는 것이지요. "죽었기 때문에" 오히려 침묵하게 되는 것은 그 때문이 아닐까 싶어요.

박　　꼭 그렇지만도 않습니다. 사망이라는 똑같은 결과에 이르더라도 환자에게 수술을 한 경우와 그렇지 않은 경우 보호자들이 의료진에게 보이는 태도에는 분명 차이가 있다고 합니다. 의료 분쟁 사례들을 보면, 수술을 하고서 사망한 경우에는 수술을 잘못해서 (살아날 수 있는) 환자가 죽었다는 인식이 있어요. 그래서 대부분의 의사들이 소생 가능성이 낮아 보이는 환자에 대해서는 아예 적극적인 치료를 포기하는 일이 생깁니다. 병원에서는 (수술을) '칼을 댄다'고 표현하는데, 칼을 댈 경우 자칫 잘못하면 환자 사망의 책임을 떠안을 위험까지 감수해야 하지만, 수술을 하지 않으면 오히려 의사가 짊어져야 할 책임이 줄어든다는 것이죠. 중증 외상의 아이러니입니다.

저 역시 처음에는 의료진의 책임 방기에 초점을 맞췄지만 의료 현장의 이야기를 듣다 보면 환자 쪽의 침묵에도 성찰할 지점이 있다는 생각이 듭니다. 죽음과 동시에 모든 게 끝났다고 생각하기보다 환자 이송이 제대로 됐는지, 빠른 시간 안에 수술실에 올라갔는지, 그 과정에서 어떤 처치를 어떻게 했고 그것이 적절했는지, 불필요하게 지연된 시간은 없는지를 질문할 필요가 있습니다. 한 의사는 그런 맥락에서 한국 사회에 부검 문화가 뿌리 내려야 한다고 지적하더군요.

안　　침묵하지 말아야 할 때 침묵하는 게 문제라는 지적이시군요. 책에서 응급실에 환자를 '깔아 둔다'는 표현이 나오는 걸 보고 놀랐는데, 우리의 의료 현실이 그렇다는 사실을 안다면 보호자들의 태도도 좀 달라지지 않을까 싶습니다. 한편으로는 보호자들을 침묵하게 하는 병원의 분위기라는 게 있는 것도 사실입니다. 환자가 사망한 경우 보호자들은 항의를 할 수 있지요. 그런데 보호자의 정당한 항의를 의사와 병원은 난동으로 받아들이는 경우가 있습니다. 실제로 의료사고가 나면 감추기에 급급하죠. 먼저 한 말과 나중에 한 말이 달라지고, 병원 기록을 보여 주지 않는 일도 다반사입니다. 병원에서는 의사들에게 절대 "미안하다"는 말을 하지 말라고 가르치기도 합니다. 꼬투리 잡힐 일을 만들지 말라는 것이죠.

한편으로 선생님이 가진 문제의식에도 동의를 합니다. 중증 외상의 문제가 의사 개인의 윤리 의식 부재에서 비롯된 것이라고 본다면 너무 단순화하는 것이죠. 그렇다면 중증 외상이라는 분야에서 의사들을 침묵하게 하는 것이 무엇인지를 볼 필요도 있을 것 같습니다. 병원들이 중증 외상 환자를 떠넘기는 행태를 '택배 사업'에 비유하기도 하셨는데, 책을 읽다 보면 이는 한국의 병원 시스템 자체가 가진 한계 때문이라는 생각이 듭니다.

박　　단적으로 말하자면 중증 외상에는 환자 앞에서 침묵하는 것이 이득이고 침묵하지 않으면 바보가 되는 구조가 있습니다. 특진이 일반화되어 있고 협진 체제가 부실한 상황에서 중증 외상 환자는 병원의 골칫거리일 뿐입니다. 어떤 과가 적자투성이 환자를 받아들이고 싶겠어요? 그렇다고 내과 계열인 응급의학과 의사가 주치의가 될 수도 없는 노릇이고요. 외상센터가 필요한 이유가 여기 있습니다. 누구도 책임지지 않는다면 책임질 수밖에 없는 구조를 만들자는 것이죠.

우연히 외상 환자를 대하는 의료진의 고충을 들을 기회가 있었다. 그 의사는 방금 전에도 중환자실에 있는 환자에게 더 이상의 치료를 거부하는 보호자를 설득하고 돌아오는 길이라고 했다. 자주 있는 일이냐고 물으니 그렇다고 답하며 얼굴을 쓸어 내렸다. "돈 문제만은 아니에요. 보호자 스스로 가망이 없다고 포기해 버리는 거죠." 보호자와 의사 사이에 신뢰를 형성할 만한 충분한 시간을 쌓기 힘든 것도 의료 현장을 팍팍하게 만드는 요인이다. "암 같은 경우에는 외래를 가기 전부터 의사의 권위를 존중하는 마음이 저절로 생겨요. 여기저기 알아보고 이 사람이 최선이다 해서 찾아가는 거니까요. 하지만 (중증 외상의 경우) 처음 보는 의사가 '최선을 다 했지만 상황이 이렇게 됐다'고 말하면 당장 멱살 잡힐 일인 거죠." 사명감을 가지고 들어온 의사들이 결국 외상에서 등을 돌리는 것은 이처럼 각박한 현장의 현실도 한 몫을 할 것이다.

안기종 대표 역시 응급의학과 의사들을 만나면서 의사들의 처우 문제에도 눈을 뜨게 되었다고 말했다. 양질의 의료 서비스를 기대하려면 의사들이 병원의 경영이나 의료 정책에 발목을 잡히지 않고 마음껏 자신의 의술을 펼칠 환경을 조성하는 게 급선무이며, 그 지점에서 외상센터가 무너진 중증 외상 의료 체계를 바로 세우고 전문화하는

데 역할을 할 것이라 내다봤다. "그렇지만 권역응급의료센터나 지역 응급의료센터가 있는 상황에서 이와는 별개로 외상센터라는 독립된 건물을 지어야만 하는 것인지에 대한 의문은 남습니다." 의료계의 또 다른 몸짓 불리기가 아니냐는 의혹이었다.

응급실도 있는데 외상센터를 또 짓는다고?

안   중증 외상은 잘 모르지만 응급 쪽에서는 응급의학과 의사들을 만나서 의견을 청취하곤 합니다. 그쪽에서는 응급의학과 의사가 적은 게 우리나라 응급 의료의 가장 큰 문제라고 이야기해요. 전문의 수를 늘리고, 응급실도 더 크게 지어야 한다고 말합니다. 중증 외상을 피상적으로 이해해서 그런지는 모르지만 저는 중증 외상도 응급 의료 쪽의 사정이 나아지면 함께 풀릴 문제가 아닌가 싶어요. "응급실도 있는데 외상센터를 또 짓는다고? 두 개가 뭐가 다른데?" 하는 생각이 들었던 적도 있고요.

박   일단 응급의학과와 외상외과를 구분할 필요가 있을 것 같습니다. 일반인들이 많이 오해하는 부분이기도 해요. 단순하게 말하자면 응급의학과 의사들은 내과 계열이라서 수술을 하지 않습니다. 물론 응급실에 오는 환자들 대부분이 간단한 약 처방으로 해결이 되는 일반 응급 환자이기는 하지만 응급실에 응급의학과 의사만 있으면 급성 맹장염 환자 하나 처리하지 못합니다. 지금 당장 수술을 해야 하는 환자는 응급의료센터를 아무리 크게 짓고 응급실 침대를 늘려봤자 해결이 안 되는 겁니다.

안   얼마 전 경남 창원에서 버스에 팔이 낀 환자가 수술할 병원을 찾지 못하고 결국 사망한 사건이 떠오릅니다. 그 사건을 기사로 접하고 의아했어요. 창원 시내에 응급실 있는 병원이 한두 곳이 아닐 텐데 간단한 봉합 수술 하나 못해 과다 출혈로 사망하다니, 우리나라 응급 의료에 심각한 구멍이 있구나 생각했습니다. 그런데 아무리 응급 의료 환경이 개선되어도 중증 외상이 공백으로 남아 있는 한 앞으로도 이처럼 어처구니없는 일이 계속될 거라는 말씀인가요?

박   응급실의 역할과 외상센터의 역할이 서로 다르다는 뜻이지요. 외상센터는 긴급하게 수술해야 할 환자들을 위한 시설과 인력을 갖추고 있어야 합니다. 수술은 외과 의사 혼자 하는 일이 아닙니다. 기본적으로 마취과 의사가 있어야 할 테고, 간호사도 필요하겠죠. 만약의 사태에 대비해 수술실은 항상 환자를 받을 준비가 되어 있어야 하고 수술을 마친 환자가 머물 중환자실도 넉넉하게 있어야 합니다. 반면 응급실에서는 환자를 보고 빠른 판단을 내려 입원을 시키든지, 수술실로 옮기든지, 집으로 보내든지 해야 합니다. 응급실은 환자를 깔아 두는 곳이 아닙니다. 메릴랜드의 카울리외상센터 같은 곳은 미국에서 제일 큰 외상센터인데도 응급실 침대가 스무 개가 되지 않습니다. 응급실에는 환자가 오래 있으면 안 된다는 원칙이 있기 때문입니다. 몇 시간 상태를 지켜봐야 하는 환자의 경우에는 관찰실 observation room로 보냅니다. 이 경우에도 정식 입원 절차를 밟죠. 우리나라처럼 응급실 침대를 60개~70개씩 둘 필요가 없는 겁니다.

누군가 우리나라 응급 의료와 중증 외상의 관계를 고속도로 톨게이트와 왕복 이차선 도로에 비유한 적이 있었다. 톨게이트를 아무리 많이 지어도 톨게이트를 나가면 왕복 이차선 도로인 상황에서 과연 도로 정체가 해소되겠느냐는 이야기였다. 오히려 톨게이트가 늘어날수록 병목 현상은 더 심화될 것이다. 외상센터를 짓는다는 건 도로를 넓혀 톨게이트 이후 트랙을 정비하자는 것이다. 안기종 대표는 내 설명에 "그렇다고 인프라도 없는 상황에서 무작정 도로 공사를 강행하는 게 답일까?"라는 날카로운 질문을 던졌다.

안 책을 읽으면서 또 한 번 놀랐던 건, 외상센터로 선정된 병원에서조차 외상 환자를 외면하더라는 겁니다. 치료를 받기엔 너무 늦었다는 게 이유였지만 결국 그 환자들이 아주대로 와서 다 살아나지 않았습니까? 외상센터가 제대로 뿌리 내리기 위해서는 실력 있는 전문의 등의 인력풀이 일단 갖추어져야 하지 않을까, 그렇지 않으면 외상센터 사업에 소요된 2천억 원이라는 예산은 그냥 하늘로 증발해 버

릴 수도 있겠구나 하는 생각이 들었습니다.

박   외상센터는 새로운 제도입니다. 현장의 혼란과 시행착오는 불가피하겠죠. 정부의 관리와 감독이 더 철저해져야겠지만 현장의 의사들 역시 스스로 해결책을 제시해야 한다고 봅니다. 확실한 성과를 내서 국민들에게 이런 사회 안전망이 확실히 필요하다는 것을 납득시켜야 한다는 것이죠. 병원 역시 합리적으로 판단할 필요가 있습니다. 현재 외상센터에 소요되는 예산은 응급 의료 기금을 통해 집행되고 있습니다. 이 기금은 일단 2017년까지 사용 승인이 난 상태입니다. 남은 4년 동안 병원이 뚜렷한 성과를 올려야 추후 기간 연장을 할 논리가 생기는 것이죠. 그렇지 않다면 병원으로서는 2천억 원 시장을 놓치는 셈이 됩니다.

안　제 생각엔 외상센터를 전국에 17곳이나 지을 필요가 있을까 하는 의문이 듭니다. 제대로 된 외상센터 한 곳을 지으려면 1천억 원이 든다고 하셨는데, 차라리 그런 곳 두세 곳을 짓고 헬기 등을 이용해 환자 이송 시스템을 뜯어 고치는 게 지금처럼 인력 등의 자원이 부족한 상황에서는 더 효과적이지 않을까요?

박　서울대 김윤 교수가 보건복지부의 의뢰를 받아 연구한 결과를 보면 외상센터 한 곳을 지을 때마다 커버할 수 있는 환자 수는 여섯 곳을 지을 때까지 가파르게 올라가다가 그 이후로는 주춤합니다. 여섯 곳을 지을 경우 82퍼센트의 환자를 커버할 수 있다면 아홉 곳을 지을 경우 이 수치는 88퍼센트~89퍼센트 정도가 되고 그 다음부터는 한 곳을 더 지을 때마다 1퍼센트도 올리기 힘듭니다. 대표님의 말씀은 비용 효과적인 면에서 볼 때 분명 고민해 볼 지점인 것이죠.
하지만 지금에 와서 몇 곳을 선정하는 게 옳고 규모는 어떻게 하는 게 옳았다고 말하는 게 의미가 있을지 모르겠습니다. 정부가 예산을 지원했고 삽을 떴으니 받아들여야 하겠지요. 올해까지 일단 아홉 곳이 선정되었습니다. 선정된 곳이라도 좀 더 활동적으로 움직여서 성과를 보이기를 바라야지요. 하지만 평가는 분명 필요합니다. 무작정 외상센터 수를 늘리는 게 답이 아니라는 판단이 선다면 제도를 바꾸도록 해야지요. 지금은 지켜볼 때인 것 같습니다.

모두가 행복한 게 이상하다

안 한편으로 시스템이 완전히 갖춰지지 않았다는 평계는 피해를 입은 환자나 보호자에게 아무런 위로나 도움이 되지 않습니다. 외상센터에서 외상 환자를 거부하는 일은 얼마든지 재발할 수 있다고 봅니다. 〈한국환자단체연합회〉 차원에서도 그런 문제가 발생할 경우 적극적으로 대응해야겠다는 생각이 듭니다.

개정안이 통과되고 외상센터 사업이 진척되는 것을 보다 보면 문제가 다 해결된 것 같다는 착각에 빠질 때가 있습니다. 오늘 이야기를 듣고 보니 중증 외상에는 아직도 해결해야 할 많은 쟁점들이 있는 것 같습니다. 지금까지는 환자나 보호자, 의사나 병원의 차원에서 이야기를 나눴다면 제도적으로 보완해야 할 부분에 대한 지적도 필요하지 않을까 합니다. 그중 하나가 헬기 이송과 관련된 것입니다. 서울에서 40킬로미터도 떨어지지 않은 전방 철책선에서 사고가 났는데, 수술 가능한 병원까지 환자가 오는데 열 시간이 걸렸다는 이야기를 들은 적이 있습니다. 환자가 군인이었던 것으로 기억하는데, 상처가 썩을 때까지 헬기가 오기만을 기다리고 있었다고 하더라고요. 헬기가 안 뜨는 특별한 이유가 있는 건가요?

박 이유야 많습니다. 기상 상황이 안 좋다고, 헬기가 정비 중이라고, 조종사가 퇴근했다고……. 병원이 수술을 안 하는 이유를 수천 가지는 댈 수 있듯이 헬기가 못 뜨는 이유도 수천 가지를 댈 수 있습니다. 이런저런 이유로 위험하다고 말하는 조종사에게 누가 "내가 책임질게 띄워!" 하고 말하겠습니까? 사실 환자 이송하려고 헬기 한 번 뜨면 뒤처리하는 것도 큰일입니다. 시트 뜯어내고 피 묻은 거 닦아 내야 하지, 한 번 뜰 때마다 정비도 해야 하지…….

우리나라에서는 경기소방대가 환자 이송 목적으로 헬기를 제일 많이 띄울 텐데 그 횟수가 하루 0.4회도 안 됩니다. 반면 영국의 로열런던병원 같은 경우는 하루에 네다섯 번씩 뜬다고 합니다. 경기소방대에도 이세형 기장 같은 분이 없었다면 아마 하루 0.4회도 힘들었을 겁니다. 군 출신에 비행시간이 6천 시간이 넘는데 환자를 데리러 가자고 하면 조금 무리한 기상 상황에서도 조종대를 잡으십니다. 우리의 헬기 이송 시스템은 이처럼 개인의 의지에 기대고 있는 형편입니다.

안　　　아주대병원 같은 경우는 경기소방대와 협약도 맺고 해서 헬기 이송이 순조로운 편이라고 알고 있었는데 그렇지만도 않았군요. 그렇다면 정당한 사유 없이 헬기가 늦게 오거나 아예 안 올 경우 이를 규제할 제도를 마련하는 것도 방법이지 않을까 싶습니다.

안기종 대표는 '규제'를 이야기했지만 제도가 사람의 의식을 바꾼다는 말에는 회의적일 수밖에 없는 측면도 있다. 우리나라 군에는 의무헬리콥터만 다섯 대가 있다. 하지만 정작 헬기가 떠도 환자를 이송해본 경험 자체가 없어서 침대를 끌어내리느라 20분을 허비하는 모습을 본 적도 있다. 나중에 알고 보니 보조 연료 탱크를 잘못 달아서 생긴 일이었다. 손가락을 좀 깊게 벤 미국 병사는 헬기로 30분 만에 아주대병원에 도착해 봉합 수술을 받고 갔다. 반면 우리나라에서 헬기 이송은 여전히 사치다. 이 차이는 무엇일까?

안　　암 같은 경우에는 예산을 아무리 많이 투여해도 말기 암일 경우 환자를 살리기 힘듭니다. 폐암 치료제 한 달 약값이 1천만 원인데도, 육 개월 정도? 그러고 나서는 돌아가십니다. 중증 외상 문제를 실감하게 된 것은 바로 이 지점에서였습니다. 중증 외상 환자는 제때, 제대로 된 치료만 받으면 살아나서 건강한 사회 구성원으로 돌아갈 수 있다는 거잖아요. 물론 '제때, 제대로 된 치료를 받는다'는 게 우리의 의료 환경에서 얼마나 어려운 일인지를 오늘 깨닫게 되었습니다만.
너무 낙관적인 의견일지는 몰라도 일단 우리의 무관심이 얼마나 많은 아까운 생명을 사지로 몰아넣었는지를 아는 것만으로도 변화의 단초를 마련할 수 있다고 생각합니다. 사람들의 목숨이 허무하게 길바닥에 버려지는데도 모두가 행복한 이 상황이 문제라는 것을 공유하자는 것이지요.

박　　오늘 대담을 한 마디로 정리해 주시네요.(웃음) 어떤 의사 선생님은 "외상은 재발이 없다"고 말하며 거기서 일하는 보람을 얻는다고 하시더라고요. 외상 의학의 중요성을 많은 사람들이 알아봐 주길 바랄 뿐입니다.

안   환자 단체를 오랫동안 운영해 오면서 우리 사회에서는 무언가를 획기적으로 개선하려면 어떤 충격적인 계기 같은 게 필요하다는 생각을 자주 하게 됩니다. 저희가 십 년 넘게 '환자 안전'을 그렇게 강조하고 홍보했는데도 최근에야 환자안전법을 만들자는 이야기가 나옵니다. 저희가 더 노력을 기울여서 된 게 아니라 최근에 터진 '종현이 사건'이 크게 이슈가 됐기 때문이거든요. 백혈병으로 투병 중이던 종현 군이 정맥에 투여돼야 하는 항암제를 척수강내에 주사 받아 사망하게 된 사건 말입니다.

종현 군 어머니는 아홉 살 아들을 하늘로 보내고 경황이 없을 텐데도 종현 군 같은 사건이 더 이상 발생해서는 안 된다는 신념으로 저희에게 환자안전법을 만들어야 한다고 강력하게 주장하셔서 큰 진전을 이룰 수 있었습니다. 사실 외상센터도 석해균 선장이 없었다면 이렇게까지 빨리 현실화될 수는 없었을 거라 생각합니다. 그런데 많은 사람들이 석해균 선장은 워낙 주목을 많이 받은 인물이니 그야말로 최선을 다해 살렸을 거라고 보기도 하는데, 그게 아니라 석해균 선장보다 더 심하게 다친 사람도 누구나 충분히 살 수 있다는 의식을 심어주게 되면 제도도 많이 바뀔 것이라고 생각합니다.

박   종현 군 같은 피해자 없이도 제도나 의식을 바꿀 수 있다면 더할 나위 없이 좋겠지요. 사실 중증 외상 같은 경우는 너무 오랫동안 곪아 있던 문제라 웬만한 이슈 가지고는 쉽게 바뀔 것 같지 않다는 회의에 빠지기도 합니다. 김우수 씨 같은 경우만 해도 그렇고요. 언론이 외면하는 사실들을 끊임없이 수면 위로 끌어올리려는 노력도 필요하지만 환자 단체처럼 좀 더 조직화된 집단들이 여론을 주도해 주길 바라는 마음도 가지고 있습니다.

안   편한 마음으로 공부하러 왔다가 코가 꿰인 기분입니다.(웃음)

중증 외상 문제를 한국 사회 구멍들이 모이고 모여 생긴 거대한 블랙홀이라고 표현한 사람이 있었다. 가난한 사람에게 죽음은 더 빨리 찾아오고, 병원은 적자를 이유로 그런 환자를 외면하고, 비용과 효율을 앞세우는 정부는 아예 관심을 갖지 않는다. 그 한가운데 중증 외상이 놓여 있다. 안기종 대표는 그렇게 많은 사람들이 죽었는데도 그들의 죽음이 이 사회에 아무런 흔적을 남기지 않았다는 사실에 놀랐다고 한다. 하지만 실제 의료 현장에 있다 보면 그보다 더 충격적인 현실도 만나게 된다. 환자를 받지 않으려고 응급실 문 앞에서 벌어지는 실랑이, 병원 내 자원 부족을 이유로 신경외과 교수 열다섯 명이 있는 병원에서 두세 명이 있는 병원으로 보내지는 환자들, 중환자실에 있는 환자의 치료를 거부하고 집으로 데려가겠다는 보호자, 그 보호자를 말리는 의사……, 안기종 대표의 말대로 모두가 이 상황에 행복해하고 만족해한다면 그게 이상한 일이다. 불행하다면? 뜯어 고칠 일이다.

박   대표님은 〈한국백혈병환우회〉에서부터 시작해 여러 질환에 시달리는 환자와 보호자를 만나오셨습니다. 의료사고에 대응하는 일에서부터 약가 인하 투쟁까지 다양한 활동들을 보여 주기도 하셨고요. 환자 단체 입장에서 중증 외상 의료 체계의 문제에 간여하려 할 때 어떤 방식으로 참여하실 생각인지 여쭤 봐도 될까요?

안   처음에 말씀드렸듯이, 저는 백지와 다름없는 상태로 이 자리에 나왔습니다. 단체 안에서 이 문제를 풀어 낼 구체적 방식은 더 깊이 고민해 봐야겠지요. 최근에는 『환자리포트』라는 매체를 발간하려고 준비하고 있는데 매체 활동을 통해 중증 외상 환자나 보호자를 많이 만나고 싶다는 바람도 있습니다.
무엇보다 오늘 대담의 가장 큰 성과는 중증 외상 문제를 바라보는 시각을 갖게 되었다는 것입니다. 중증 외상은 공공 의료의 리트머스 시험지라는 생각이 듭니다. 사고가 느닷없이 찾아오듯, 누구나 언제든 그 시험대에 오를 수 있는 게 중증 외상이지요. 살릴 수 있는 환자를 살리느냐 마느냐의 문제이기 때문에 의료의 가장 근본적인 지점을 짚고 있다는 생각도 들고요. 중증 외상의 이런 특성이 일반인들에게도 깊은 호소력을 발휘할 수 있을 것이라 믿습니다.

중증 외상 분야에서 더 다양한 사람들의, 더 다양한 목소리들이 흘러 나오길 바란다는 안기종 대표의 말을 끝으로 대담을 마무리했다. "모두가 행복한 게 이상하다"는 그의 말이 한동안 여운처럼 머릿속을 맴돌았다. 의사는 치료하기 어려운 환자를 맡지 않아도 되니 행복하고, 병원은 손해가 될 게 뻔한 환자를 받지 않아도 되니 행복하고, 정부는 티 나지 않을 일에 예산을 쏟아 붓지 않아도 되니 행복하다. 보호자 역시 가족에게 닥친 불행만을 슬퍼할 뿐, 다른 의심으로 괴로워할 필요가 없으니 행복하다고 할 수 있다. 알게 모르게 책임과 의무에서 벗어난 이들이 행복해하는 동안 충분히 살 수 있는 수만 명의 사람들이 죽어간다. 중증 외상과 관련해 죽음은 더 이상 불가피한 일이 되어서는 안 된다. 우리가 당연하듯 받아들이는 불행의 원인을 좀 더 깊숙이 파헤칠 필요가 있다는 게 이 책을 쓰게 된 동기이기도 하다.

다치고 부러져 몸이 상하는 건 개인적인 불행이지만 사고 후 처리 과정은 사회적인 문제다. 그리고 그러한 사회적인 문제가 단순히 새로운 건물 몇 개를 뚝딱 지어 해결될 것이었다면 이처럼 긴 이야기도 필요 없었을 것이다. 사람들이 중증 외상 문제의 중요성을 깨닫고 관심을 가진다면, 외상센터라는 새로운 제도도 비로소 한국 사회에 뿌리를 내릴 수 있을 것이다. 이 책이 그 길에 조금이라도 보탬이 된다면 더 바랄 것이 없겠다.

1장

1 "Time to laparotomy for intra-abdominal bleeding from trauma does affect survival for delays up to 90 minutes", *The Journal of Trauma*, Clarke JR, 2002

2 『데일리팜』, "국립의료원, 원지동 이전 대비 외상 시스템 구축", 이혜경 기자, 2012. 2. 7

3 『문화일보』, "한국, 보행자 교통사고 사망률 OECD 1위", 이용권 기자, 2009. 9. 7

4 『세계일보』, "노인 교통사고 사망률, OECD 국가 중 최고", 김남희 기자, 2011. 10. 4

5 보건복지부 국회 제출 자료. 2010. 9. 30

6 국회 보건복지위원회, 「윤석용 의원 대표 발의 자살예방대책법안 검토 보고」, 2010. 12

7 김윤, 「외상 진료 체계 분야별 구축 방안 연구」, 보건복지부 연구 용역 보고서, 2011

8 『조선일보』, "[기고] 노동자·서민 생명 외면하는 국회의원들", 이국종 기고, 2012. 5. 1

9 『중앙일보』, "노인 인구 비율 1위 전남 농기계 사고도 전국 최다", 최경호 기자, 2013. 3. 18

10 고상백 외, 「농업인 손상 규모 파악과 위험도 산정에 관한 연구」, 농림축산식품부 연구 용역 보고서, 2007

11 정최경희, 「사회·경제적 사망 불평등에 대한 사망 원인별 기여도」, 이화여자대학교, 2008

12 『한겨레21』, "'이 사람, 살려만 달라' 외침에도 가난이 묻었다", 김기태 기자. 2011. 1. 3

13 『동아일보』, "대학 병원 응급실비 평균 42만 원～60만 원… 왜 이렇게 비싼가?", 이진한 기자, 2011. 3. 16

2장

1 『문화일보』, "[오피니언 포럼] 중증 외상 센터가 절실한 이유", 이국종 기고, 2011. 5. 25

2 정구영 외, 「응급 의료 체계 성과 지표에 관한 연구」, 보건복지가족부,

중앙응급의료센터 용역 보고서, 2008

3   TV조선 〈유연채의 뉴스의 눈〉, "사람과 눈 맞추다-영웅을 살린 영웅 이국종 교수",
    2013. 2. 4

4   같은 곳.

5   보건복지부 보도 자료, "중한 외상 환자 살리기 위해 권역외상센터 설립 시급", 2010.
    5. 19

6   서길준, 「중증 외상 환자의 의학적 개요 및 응급 및 중증 외상 의학의 현황」,
    〈백중앙의료원 글로벌 포럼 2011〉, 2011. 6. 11

7   국회입법조사처 주승용 의원 입법 조사 회답, "선진국형 중증외상센터 설립을 위한
    연구", 2011

8   경기도의회 보건복지공보위원회 주최 〈외상 환자를 살리기 위한 경기도 외상센터
    구축 방안 토론회〉 가운데 이국종 발제 발언, 2012. 4. 20

9   『한겨레21』, "해마다 9,245명 목숨 살릴 수 있었다", 김기태 기자, 2011. 1. 3

10 보건복지부, "미국, 캐나다, 영국, 일본, 중국, 호주, 독일 등의 예방 가능한 사망률
    현황", 2010

11 『경인일보』, "'골든타임' 모델 이국종 교수 성난 이유", 최해민 기자, 2012. 11. 5

12 김윤, 「외상 진료 체계 분야별 구축 방안 연구」, 보건복지부 연구 용역 보고서, 2011

13 정경원, 「현재의 국내 응급 의료 체계에서 중증 외상 환자의 이송 지연」,
    〈대한외상학회지〉, Vol.24, No.1

14 보건복지부, 「2011년~2015년 응급 의료 기본 계획」, 2010

15 국방부 국회 제출 자료, 「사고 발생 및 조치 경과」, 2011. 7

16 경기도의회 보건복지공보위원회 주최 〈외상 환자를 살리기 위한 경기도 외상 센터
    구축 방안 토론회〉 가운데 석해균 토론 발언, 2012. 4. 20

17 『조선일보』, "[태평로]이젠 국가가 장병들에게 답할 차례다", 윤영신 기자, 2011. 7. 28

18 〈MBC 시사매거진2580〉, '골든타임'은 없다 , 2012. 9. 23

3장

1   김윤, 〈한국형 외상 센터 및 외상 전문 진료 체계 구축을 위한 정책 토론회〉 자료집,
    2010. 4. 8

2   이종의, 「기본 외상 처치술」, 대한의사협회지, 2007

3   『메티컬타임스』, "중증 외상 환자, 누가 진료하려 합니까?", 안창욱 기자, 2009. 7. 2

4   박성진, 〈골든타임-Dr. 박 칼럼〉 http://www.imbc.com/broad/tv/drama/
     goldentime/drpark/index.html

5   『한겨레21』, "'이 사람, 살려만 달라' 외침에도 가난이 묻었다", 김기태 기자, 2011. 1. 3

6   『메디포뉴스』, "삼성서울병원 등 빅 5병원 1일 환자 평균 7,000명∼1만 명 훌쩍 넘어",
     이민영 기자, 2011. 3. 8

7   『프레시안』, "배우 故 박주하, 그녀는 왜 죽어야 했나", 김윤나영 기자, 2011. 7. 3

8   『머니투데이』, "병원 하나가 바로 '메디컬시티'", 최은미 기자, 2009. 10. 28

9   보건복지부, 「보건복지부 주요 업무 참고 자료 2011」

10   〈국회보건의료포럼〉 토론회 이국종 발제, 2011. 3. 25

11   『조선일보』, "석 선장 살린 이국종 교수, 삼성서울병원으로 옮길 듯", 유아름 기자.
     2012. 2. 11

12   『동아일보』, "'불필요한 CT 왜 찍나' 응급실 수련의 목 졸라", 2011. 4. 20

4장

1   『한국경제』, "한국 중증 외상 치료 시스템 미비", 임호범 기자, 2012. 1. 30

2   『조선일보』, "인천 대교 사건 응급 난맥상", 김철중 의학 전문 기자, 2010. 7. 18

3   이중의, 「기본 외상 처치술」, 『대한의사협회지』, 2007

4   김윤, 「외상 진료 체계 분야별 구축 방안 연구」, 보건복지부 연구 용역 보고서, 2011

5   이중의, 「기본 외상 처치술」, 『대한의사협회지』, 2007

6   『한겨레21』, "병원 상업화, MRI를 찍어 보다", 김기태 기자, 2012. 5. 7

7   『아시아투데이』, "추미애, '국립중앙의료원 응급실, 지역응급센터 기준에도 못 미처'",
     2011. 10. 4

8   국회 보건복지위원회 예산결산소위원회 회의록, 2011. 11. 7

9   〈청년의사〉, "상급 종합병원 간판 내린 병원들 표정 제각각", 김정상 기자, 2011. 12. 19

5장

1   『중앙일보』, "['캡틴 석' 귀환] 선장 치료 아주대서 왜", 박태균 기자, 2011. 1. 31

2　『조선일보』, "[박은주의 快說] 石선장 살려낸 이국종 교수", 박은주 기자, 2011. 3. 25

3　『중앙일보』, "이국종 '찰나의 인생, 핵심 가치는 말보다 현장에 있다'", 2012. 5. 8

4　김윤, 「외상 진료 체계 분야별 구축 방안 연구」, 보건복지부 연구 용역 보고서, 2011

5　김명희 외, 『한국의 의료 사유화』, 후마니타스, 2010

6　『서울신문』, "[포커스 人] 김동연 재정부 예산 실장 '내년 복지 예산은 맞춤형'", 전경하 기자, 2011. 9. 28

7　국회 사무처, 「응급의료에관한법률 일부 개정 법률안 검토 보고」, 2011

8　『한겨레』, "[시론] 의사협회가 침묵한 불편한 진실", 김윤 기고, 2012. 6. 18

6장

1　『한겨레』, "진영 복지부장관의 '박비어천가' '대통령님께 업무 보고해 가슴 벅찬 감동'", 조혜정 기자, 2013. 3. 21

2　〈코리아헬스로그〉, "건정심 새 위원 '의료 시장주의자들'로 교체", 김상기 기자, 2010. 1. 19

3　보건복지부, 권역외상센터 선정 평가단 1차 회의 결과 보고, 2012. 8. 14

4　MBN, "노연홍 전 청와대 수석, 가천대 대외부총장 맡아", 2013. 4. 30

5　국회회의록시스템

6　『경북매일』, "포항 '24시간 소아응급실' 없던 일로", 최승희 기자, 2012. 5. 17

7　〈청년의사〉, "[스페셜 인터뷰] 매일 2,456만 원씩, 문 열수록 적자 보는 병원", 이창호 객원 기자, 2011. 7. 12

7장

1　『중앙일보』, "응급 이송 210분… 이국종은 절망했다", 박태균 기자, 2011. 4. 8

2　경기도의회 보건복지공보위원회 주최 외상 환자를 살리기 위한 경기도 외상센터 구축 방안 토론회, 김준규 토론 발언, 2012. 4. 20

3　『연합뉴스』, "인천시 도입 중형 헬기 타보니 '빠르고 안정적이네'", 배상희 기자, 2013. 5. 8

4　보건복지부 보도자료 "도서 지역 응급 환자, 헬기 요청 하면 5분 내 출동 한다", 2011.

9. 22

5 보건복지위원회 2012 회계 연도 예산안 및 기금 운용 계획안 검토 보고서, 2011. 11

6 『국립의료원 50년사』 자료집, 2008

7 『한겨레21』, "한국 의료 공공성에 대한 배신", 김기태 기자, 2012. 6. 18

8 『한겨레』, "[시론] 국립의료원 매각은 스칸디나비아 3국 배신 행위", 변광수, 2011. 8. 31

9 국회회의록시스템, 보건복지가족위원회 법안심사소위원회 회의록, 2009. 2. 10

10 『한겨레』, "[추모공원] 원지동 추모 공원 부지 국립의료원 건립", 송창석 기자, 2003. 8. 19.

11 『메디파나뉴스』, "NMC, 원지동 이전 포기… 다른 지역으로 간다", 권문수 기자, 2013. 1. 29

12 『데일리메디』, "이전 총력 국립중앙의료원 '예산 확보' 동분서주", 민정혜 기자, 2013. 3. 16

13 동아일보, "[수도권]땅값 때문에… 서울권 중증외상센터 표류", 김재영 기자, 2012. 11. 20

14 『아시아경제』, "땅값 차이 385억 원… 이사 못가는 국립의료원", 나석윤 기자, 2013. 3. 25

15 국립중앙의료원 공문, "국립중앙의료원 이전 사업 관련 면담 내용 보고", 2011. 7. 4

16 『오마이뉴스』, "제2의 노충국들…'지휘관이 1차로 판단하는 게 문제'", 김도균 기자, 2013. 6. 18

17 『뉴시스』, "[초점] 의무사령관 중장 진급… '軍 의료 개선' 탄력 받나", 석유선 기자, 2006. 11. 30

18 『일간보사』, "김록권 의무사령관 의협 방문", 이정윤 기자, 2006. 12. 11

19 국방부 보도자료, "장병이 쉽게 찾고, 믿고 찾는 군 의료로!", 2011. 10. 14

20 국방부, 김광진 의원실 제출 자료, 2013. 7

21 앨리오앤컴퍼니, 「국군수도병원 중증외상센터 설립 및 운영 방안 연구 보고서」, 2012. 8

22 『중앙일보』, "이국종 속한 아주대 외상센터 유치 성공", 김혜미 기자, 2013. 7. 24

23 『경향신문』, "아주대병원, 보건복지부 지정 '권역외상센터' 선정", 이보람 기자, 2013. 7. 24